开项会议

开项活动现场

朱冀兰老师在开项活动中作介绍

臧萍老师在开项活动中作介绍

省中小学生品格提升工程《至善明节:-涵育大美儿童的新美育在场行动

开项活动现场

"至善明节：涵育大美儿童的新美育在场行动"
中期实施推进

王燕彬副校长在项目实施推进活动现场致欢迎词

王燕彬副校长汇报项目推进情况

现场表演

华蕾老师在项目实施推进活动现场上汇报课

张玉老师上汇报课

张国珍老师上汇报课

项目实施推进活动的现场评估

参与项目实施推进活动人员合影

镇江市项目办许国良主任来校指导

读书月活动

活动展牌

"世界微笑日"活动

课程展示

体育嘉年华

校地联学共建

学生厨艺展示

学生社团成果汇报

元宵节活动

"至善明节：涵育大美儿童的新美育在场行动"结项

校长袁萃作结项报告

学生在结项现场进行汇报

结项现场

调研专家合影

调研专家与学生进行座谈

调研专家进行反馈和指导

节目展演

至善明节

涵育大美儿童的新美育在场行动

袁　萃　王燕彬　著

江苏大学出版社

镇江

图书在版编目（CIP）数据

至善明节：涵育大美儿童的新美育在场行动 / 袁萃，王燕彬著. — 镇江：江苏大学出版社，2023.12
ISBN 978-7-5684-2118-8

Ⅰ. ①至… Ⅱ. ①袁… ②王… Ⅲ. ①美育 － 教学研究 － 小学 Ⅳ. ①G623.702

中国国家版本馆 CIP 数据核字（2023）第 249370 号

至善明节——涵育大美儿童的新美育在场行动
Zhishan Mingjie——Hanyu Damei Ertong de Xin Meiyu Zaichang Xingdong

著　　者/袁　萃　王燕彬
责任编辑/梁宏宇
出版发行/江苏大学出版社
地　　址/江苏省镇江市京口区学府路 301 号（邮编：212013）
电　　话/0511-84446464（传真）
网　　址/http：/press.ujs.edu.cn
排　　版/镇江文苑制版印刷有限责任公司
印　　刷/镇江文苑制版印刷有限责任公司
开　　本/710 mm×1 000 mm　1/16
印　　张/11　插页 16 面
字　　数/204 千字
版　　次/2023 年 12 月第 1 版
印　　次/2023 年 12 月第 1 次印刷
书　　号/ISBN 978-7-5684-2118-8
定　　价/60.00 元

如有印装质量问题请与本社营销部联系（电话：0511-84440882）

目录

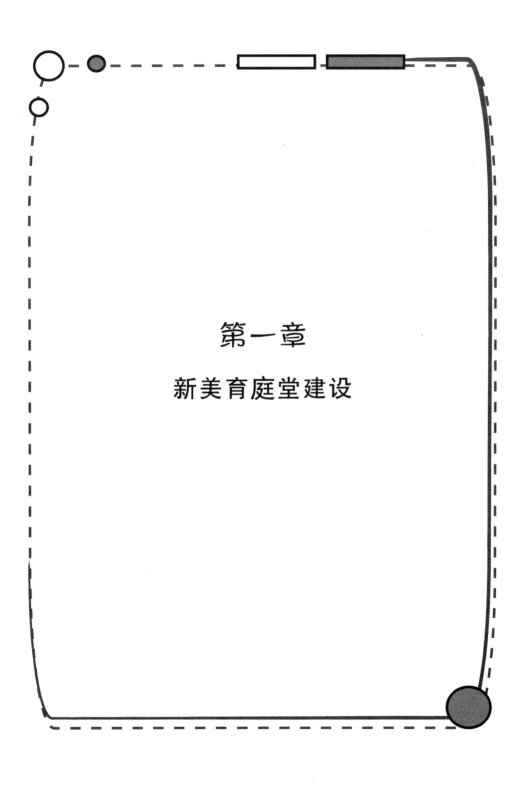

第一章

新美育庭堂建设

第一节　最美书房

新美育庭堂建设的阵地在每一个家庭。新时代的美育需要学校与家庭携手，为实现共同的培养目标一起努力。

2020年年初，我们迎来极为漫长的寒假。假期里，镇江市实验小学（以下简称市实小）向学校所有学生家庭发出创建"最美书房"的号召，制订了星级书房评比标准。市实小家庭可通过自主申报的方式参评。学校微信公众号公开投票展评，关注度高达7.7万人次，市实小10个"最美书房"也应运而生。镇江广播电视台红领巾广播台对相关家庭做了跟踪采访，制作了节目《爸爸的书房》，展现我校亲子阅读举措的成果。"最美书房"已经成为镇江市实验小学新美育庭堂建设中的响亮品牌。2021年，学校以"最美书房"活动为载体，招募魅力家庭讲故事。活动涌现出许多有意义的"红色书房"。"最美书房"活动赋予了市实小家庭新的色彩，同时以丰硕成果向建党百年献礼。

镇江市实验小学"最美书房"评比活动方案

一、指导思想

近年来我校大力开展读书活动，努力创建书香校园。结合学生家庭的实际情况，我们越来越感觉到创建家庭书房的必要性。"养鱼养水，养树养根。"家庭教育是"养根"的教育，最终需要通过引导构建家庭文化来达成。所以我们计划发起家庭书房创建活动，促使家长和学生积极行动起来，营造读书学习的良好氛围。

二、活动目标

1. 书房即教育。有优秀文化的家庭，一定有好的书房，一定有孩子成长必需的书籍，一定能为孩子提供精神食粮。因此，我们在家庭中积极倡导"书香为伴"的思想。

2. 营造良好的家庭读书氛围，使学生和家长共同提高文化素养。

3. 增大学生的阅读量，使他们在阅读中开阔视野，增长见识，提升能力，引导他们逐步养成阅读习惯。

4. 让学生、家长在活动中体验到读书给自己、给家庭带来的快乐与幸福。

三、活动要求

（一）设计书房

学生在家中选择一个房间作为自己的书房，根据自己的爱好对书房进行设计。

（二）布置书房

必备配置：书桌、书柜、藏书、护眼灯等，有浓厚的文化氛围。

特色配置：给书房取一个有意义的名字，并对它进行布置和装饰。可以用人生格言板、绘画作品、手工作品、绿植等美化书房，为自己营造一个温馨的阅读环境。

（三）购置和整理图书

书房最重要的当然是要有一定的藏书。可在原有藏书的基础上与父母一起购置自己喜爱的图书，并对所有图书进行归类整理，有序摆放。

（四）亲子阅读

设计书房的目的是更好地读书。一切就绪后，请家长和学生一起开展亲子阅读，共享读书之乐。对于低年级学生，由于他们识字量有限，家长必须保证与孩子每天进行半小时亲子阅读，并交流阅读心得，做简单的读书记录。中高年级学生每天都要有半小时以上的读书时间，要有读书笔记等读书资料，体现读书收获。

四、评比标准及要求

书房评比标准：藏书量；书房布置（必备配置和特色配置）；父母与子女开展共读的次数。

本次评比将根据实际情况，确定三种星级小书房，包括一星级小书房、二星级小书房、三星级小书房。

星级书房评比标准：

一星级小书房：藏书量达到 20 本以上，父母与子女开展共读的次数每月不少于 8 次。

二星级小书房：藏书量达到 30 本以上，父母与子女开展共读的次数每月不少于 10 次。

三星级小书房：藏书量达到 40 本以上，父母与子女开展共读的次数每月不少于 12 次。

五、评比程序及方式

第一阶段：各家庭根据自身实际情况，结合要求开展书房建设活动，并将书房（内含学生）图片、图书电子目录表，以及学生的姓名、班级等信息资料上交各班班主任。

第二阶段：选出三种星级小书房。利用班队活动时间，在班级对一星级、二星级小书房进行表彰；三星级小书房成为市实小"最美书房"候选，进入网络投票环节。

第三阶段：根据网络投票数产生 10 个市实小"最美书房"，进行公布。

六、奖励办法

学校为获得"最美书房"的家庭颁奖，鼓励孩子和家庭继续多读书、读好书。

寻找镇江市实验小学"最美书房"，晒出你的阅读小天地

阅读，能增加一个人的修养，展现一个家庭的底蕴。阅读，能积累一座城市的底蕴，成就一个国家的辉煌。

你喜欢阅读吗？在你温馨的家里，是否有一处小小的角落成为你精神的天堂？

我们正在寻找"最美书房"，期待大家一起来分享书房故事，探寻传播阅读之美。

一、活动背景

"养鱼养水，养树养根。"家庭教育是"养根"的教育，最终需要通过构建家庭文化来达成，所以校德育处在全校范围内开展"最美书房"评选活动。

二、评比标准及要求

书房评比标准：藏书量；书房布置（必备配置和特色配置）；父母与子女开展共读的次数。

本次评比将根据实际情况，确定三种星级小书房，包括一星级小书房、二星级小书房、三星级小书房。

星级书房评比标准：

一星级小书房：藏书量达到20本以上，父母与子女开展共读的次数每月不少于8次。

二星级小书房：藏书量达到30本以上，父母与子女开展共读的次数每月不少于10次。

三星级小书房：藏书量达到40本以上，父母与子女开展共读的次数每月不少于12次。

三、报名方式及要求

拍自家书房靓照一张（内含学生），写100—200字的简单介绍，再把书房图书电子书目单、寒假图书阅读表一起打包发给各班班主任，参加学校海选。

注意：照片、文档名称格式为"市实小××班×××"。

四、评比方式

第一阶段：即日起各家庭根据实际情况，结合要求开展书房建设活动，并于4月15日（暂定）前将参选信息资料上交各班班主任。

第二阶段：初选选出三种星级小书房。对一星级、二星级小书房进行班级表彰；三星级小书房成为市实小"最美书房"候选，进入网络投票环节。

第三阶段：根据网络投票数产生10个市实小"最美书房"，由学校公众号公布并进行表彰。

镇江市实验小学"最美书房"评选结果

镇江市实验小学"最美书房"

一（6）班欧骏德的"益善书房"

书房介绍：

　　我的书房叫作"益善书房"，这个名字取读书"多多益善"之意。从我两岁开始，妈妈每天晚上都会给我读半个小时的绘本故事。随着年龄的增长，我已经能独立阅读一些有拼音的书了。我的藏书中有国内外的童话、神话、寓言、儿童诗歌，还有科学类的读物等。目前，我的藏书量已经达到了1000多册。希望同学们都能好读书、读好书，多多益善！

获奖感言：

很高兴我的"益善书房"能得到大家的认可和喜欢。我要谢谢爸爸妈妈，在成长途中坚持陪伴我读书；我要谢谢老师和同学们，始终相信并支持我；我要谢谢学校，营造了好的读书氛围，让我可以静心读书，不断受益。希望同学们都能插上阅读的翅膀，尽情翱翔在知识的天空！

家长寄语：

"益善书房"的书从无到有、积少成多的过程一点一滴地记录着我们美好的亲子时光。陪伴孩子读书，是把爱的种子、智慧的种子和知识的种子播种在孩子的童年。将来的路，孩子终究是要独立行走的，唯有阅读能让他收获饱满的人格，始终感念当下，不惧未来。

班主任点评：

小小的"益善书房"，承载着孩子大大的梦想，每一次阅读，都像是绽开了一朵灿烂的花儿；小小的"益善书房"，见证了家长用心的陪伴，每一次聆听，都像是结出一颗饱满的果实。再贫瘠的土地，也能找到最适合的种子。与其告诉孩子万物可爱，不如教给他与这个世界对话的方法，用阅读让孩子拥有热爱生活的能力。（周丽梅老师）

二（2）班张晨娆的"悦读天地"

书房介绍：

我喜欢读书，乐于读书，就像鱼儿爱在大海里自由自在地游来游去，又如蜜蜂爱在五彩缤纷的花海里欢快地采蜜，所以我给我的书房兼卧室起名为"悦读天地"。

从我懂事的那天起，做教师的妈妈就用各种有趣的绘本故事把我领入了书的世界。在我的小书房里，我喜欢把书分门别类排放得整整齐齐。你知道吗？我的藏书量近360册。我经常自己一个人靠在书架上看得乐不可支，连爸妈喊

我吃饭都听不到。每天晚上睡觉前，我都会忍不住翻一翻我的藏书。爸爸喜欢称我为"小书虫"。书虫就书虫呗，没什么不好。书中上有天文，下有地理，包罗万象，小书虫每天吃的可都是宝贵的知识呢！

我爱书，更爱读书。亲爱的小伙伴们，和我一起来享受读书的乐趣吧！

获奖感言：

我的"悦读天地"被评选为市实小"最美书房"，我感到好开心呀！

我对书的热爱与妈妈坚持不懈地给我读故事是分不开的。最初我是看着精美的画面听妈妈讲故事，现在我能自己独立阅读，体味图书带来的无穷乐趣，并常常跟爸爸妈妈和同学分享读书的快乐。好书一直伴着我成长。感谢爸爸妈妈为我准备了这么多的书，感谢爸爸妈妈给我的爱和陪伴！

我一定会珍惜今天的这个荣誉！在今后的日子里，我会在老师和家长的指导下，继续坚持好读书、读好书。我想我的世界会更精彩！

家长寄语：

那一次，听李老师说学校即将举行"最美书房"评比活动时，我们就积极报名参加了。经过班级初选、全校投票，在忐忑不安的等待中，我们的"悦读天地"竟然真的获了奖！非常感谢李老师对孩子的鼓励，也感谢学校给予我们这份荣誉，它将激励我们更加努力地去读书。

有人说：孩子的心像空地，种什么长什么。而书，就是一颗幸福的种子。把这颗种子植于孩子的心田，它就一定能发出嫩绿的芽来。从小我们就注意培养晨妗爱读书的好习惯，经常给她读各种书。慢慢地，她增长了知识，享受到了读书的乐趣，也爱上了读书。读万卷书，行万里路。孩子刚上小学，读书之路刚刚起步，人生之路也刚刚起步，我们做父母的，一定要以身作则，引导好孩子，让孩子健康地成长、成人、成材。希望我们与孩子一路携手，与书做一生的朋友！

班主任点评：

撑一支长篙，满载着一船可爱的天使（变化多端、疾恶如仇的孙悟空、体察人间种种苦难、心地善良的稻草人，调皮可爱的长鼻子匹诺曹，在草丛中轻轻弹琴的蟋蟀妹妹……），驶向青草更青处。梦想在快乐阅读中展开翅膀，心灵在白鸥扑棱棱处放声歌唱！

妈妈的牵引、爸爸的爱，丰富的藏书、有序的分类，痴迷的小书虫、乐陶陶的阅读时光，张晨妗同学的"悦读天地"令人啧啧称赞！（李祥娣老师）

二（6）班陈煜涵的"万象书厅"

书房介绍：

二年级的暑假里，妈妈为我在客厅的墙上做了一面书柜。我心里别提多开心了！

我的书种类很多，有漫画书、故事书，有与学习相关的数学书、地理书、历史书……足足有二三百本。妈妈说，书是打开另一个世界的钥匙。爸爸说，书籍包罗万象，希望我的头脑可以越来越丰富。因此，我的书房名为"万象书厅"。

每到周末，我们一家会坐在客厅改造的书房里一起看书。明亮的窗户旁摆放着我心爱的书桌。清晨，当我在书桌上读书时，可以听见窗外叽叽喳喳的鸟叫声，有一种心旷神怡的感觉。我爱我的小书房！

获奖感言：

我的"万象书厅"被评为市实小"最美书房"，我感到非常高兴与荣幸。感谢学校对我的激励和鼓舞；感谢父母给我的支持；感谢老师对我读书、选书的指导；感谢同学与我分享阅读心得和换书之乐。今后我会继续努力，不骄不躁，多读书，读好书。

家长寄语：

孩子，希望你不是为了某种目的而读书，也不是为了完成任务而读书，而是出于内心的渴求，能切实体验到阅读的快乐！快乐生活，开心读书。优秀的书籍是智慧的长者，愿你在长者的引领下一步步向前，遨游在知识的海洋中，自信而充实！

班主任点评：

白色的书柜，俊劲的书法，"万象书厅"无疑是一个雅致的书房。书厅没有浮夸的装饰，而是有着琳琅满目的书刊、热情和蔼的笑容、亲切温柔的话语。书厅的一切，给人带来春天般的温暖。它像一叶小舟，载着小主人遨游知识的海洋。（祁雯晴老师）

四（3）班魏兰懿的"开卷有'懿'"

书房介绍：

欢迎来到我的书房"开卷有'懿'"。我的书房里除了一张书桌和一个文具杂物架之外，最醒目的就是我身后这个大大的书架了。它由两个书架组成，每个都有五层。靠窗的书架从上到下分别摆放着我的照片、小说类书籍、推荐课外阅读类书籍、科普类书籍、艺术类书籍。这些书籍是我学习之余的好朋友。另一个书架主要摆放着学科类书籍，从上到下，第一层到第三层分别是语文类书籍、数学类书籍和英语类书籍，第四层摆放着美术用品和绘画类书籍，第五层摆放着我最喜欢的《我的第一本科学漫画书：世界寻宝记》和《大中华寻宝记》。希望你也喜欢我的小小书房！

获奖感言：

很高兴大家喜欢我的"开卷有'懿'"。我的书房是我的"良师益友"。靠外侧的那个书架是我的"良师"，上面全是学科类的书。每当我遇到学习上的难题，总能在她身上找到答案。靠窗的书架则是我的"益友"，学习之余她带着我感受自然的神秘多彩，领略世界的广阔瑰丽，介绍小说中一个个性格各异的、形象鲜活的朋友给我。我会坚持阅读，和我的"良师益友"一起成长。再次感谢大家的支持！

家长寄语：

魏兰懿是一个安静、爱阅读的女孩，小书房是她的领地。她是一个不折不扣的小书虫。每当读书入了迷，外面再大的动静都干扰不了她。愿她在知识的海洋里自在遨游，读万卷书，行万里路。

班主任点评：

魏兰懿同学的小书房有一种秩序之美。里侧书架上的小说、科学、自然、人文类书籍，外侧书架上的语文、数学、英语、绘画方面的书籍，井井有条，朴实有序，像极了一向井然有序的她。看到书架，我仿佛看到了她在书架旁认真阅读的模样。真棒！（姚晶晶老师）

四（4）班陈昱含的"碧流书屋"

书房介绍：

走进书房，映入眼帘的是一张精致的长书桌。我和爸爸妈妈最喜欢在这张长书桌上一起看书、学习。读书时我们相互鼓励，读书后我们相互交流。长长的书桌见证着我和爸爸妈妈一起读书的美好时光。书桌上方是一排排书柜。打开书柜，迎面扑来书的清香，沁人心脾，犹如一股碧流，让人流连忘返。

获奖感言：

这次我的书房被评为市实小"最美书房"，对此我心里充满感激。我要感谢父母，是他们的相伴让我感受到了读书的快乐；我还要感谢肖老师，是她激发了我对书籍的渴望，引领我在知识的海洋中徜徉！我会更加努力地读书，让书香浸满生活！

家长寄语：

亲爱的宝贝，市实小"最美书房"称号对你来说不仅是一种荣誉，更是一种巨大的鼓励。希望你不会因这次得奖而骄傲，要继续让书籍和智慧点缀你的生活。不要辜负帮助你的人，只有付出才会有回报。相信明天的阳光将更加灿烂。

班主任点评：

"迎面扑来书的清香，沁人心脾，犹如一股碧流，让人流连忘返。"这段话让大家感受到了浓浓的读书气息，也让大家对读书有了更深的向往。一个孩子如果多读书，他的生活就会多一份乐趣，情感就会多一份高尚，人生就会多一份精彩。（肖贝老师）

五（2）班刘奕凡的"岚平斋"

书房介绍：

我给我的书房取名"岚平斋"。

山里的雾气清清凉凉，让人的心情平平静静，故我给书房取名"岚平斋"。我喜欢我的这片小天地。在这里，我领略祖国的大好河山，我了解人类灿烂的文明，我探索神奇的科学世界，我畅游美妙的音乐王国……我将继续在"岚平斋"里遨游。

获奖感言：

我把"岚平斋"这片小天地分享给大家，意外获得了大家的认可。原来市实小有这么多和我一样爱阅读的学生。我会和大家一样继续在书房里享受阅读的快乐，我也相信每位实小学子的家里都会透出阅读之光。

家长寄语：

当黑暗来临时，书籍会像明灯，给孩子照亮前进的道路；当方向迷失时，书籍会像指南针，给孩子指明正确的道路。希望孩子做一个真正的读书人，好读书，读好书。在书籍这位挚友的陪伴下，孩子在成长道路上一定会充满勇气和动力。

班主任点评：

整齐的书架、丰富的藏书、尽情享受的阅读者，刘奕凡带着他的"岚平斋"出现在我们的眼前。当他徜徉在"岚平斋"的书海时，他的心情是平静的；当他穿梭在文字宇宙时，他获得了无穷的乐趣。与书相伴，会让他穿越时空的阻碍，聆听圣人的教诲，充满前行的勇气，无惧前方的沟壑。（张伟老师）

五（3）班魏奕淳的"月亮田"

书房介绍：

小时候，妈妈为了培养我的阅读习惯，每天晚上陪我一起阅读绘本。阅读让一切变得美好。

2014年，妈妈办了一个网上书店，方便把家里的童书与更多的孩子共享，并且还在"荔枝FM"上注册了讲故事的账号"书袋熊姐姐的故事盒子"。在这里，我和小伙伴一起读故事，扮演各种书中的角色，分享阅读的乐趣。随着我慢慢长大，我们家的书也越来越多，仔细数数已经达到了4000多册。

2019年5月，妈妈和我商量，利用我们家收藏的童书打造一家童书馆。

在六一儿童节这天，我们终于如愿以偿。阅读像磁石般吸引着我，而全镇江有越来越多的孩子在这家童书馆里和我共享阅读。最近，我在孙老师推荐的打卡程序里注册了私人账号"月亮田"。这个账号里都是我的阅读精选，记录着我的朗读或者文字解读。

在阅读这条路上，我想我是全镇江最幸福的孩子！我的书房因为妈妈的爱而日渐丰富，也因为爱，我的书房就是我心中的"最美书房"。

获奖感言：

"最美书房"是学校给我的一份荣誉，更是一种激励，一种鞭策！透过这份沉甸甸的荣誉，我看到的是师长的希望、母校的重托。一次次书本知识的积累，是我前进路上的一块块路碑，它们见证了我的成长与进步，也让我懂得，荣誉代表着过去，知识却是我前行的阶梯，我要踩着它们一级级地努力向上！在以后的日子里，我也会更加努力地投入学习，积极参与各种学校活动。感谢大家！

家长寄语：

愿你带着这份荣誉，不负父母厚望，不负恩师情长，不负天赐智慧，不负青春理想，用在"最美书房"里学到的知识，去创造更美好的未来！

班主任点评：

生活中的一切都需要分享。学会分享就能学会互助互爱，学会分享就能学会坦诚相待，学会分享就能学会储蓄幸福。感谢你，快乐的"月亮"同学，谢谢你将你的"月亮田"分享给我们。你的书房不仅飘着书香，还弥漫着分享的快乐！也愿你如一颗种子在阅读中茁壮成长！（孙薇老师）

五（6）班朱子熠的"熠赏书房"

书房介绍：

我的书房书香满屋，书籍是我的挚友。平时，我是忠诚的倾听者。在安静的夜晚或是假期的清晨，我听它们娓娓道来。当我遇到困难时，它们对我不离不弃，引领我、帮助我，直到我的心中又萌生出欢乐。弥尔顿曾说："书籍并不是没有生命的东西，它包藏着一种生命的潜力，与作者同样地活跃。不仅如此，它还像一个宝瓶，把作者生机勃勃的智慧中最纯净的精华保存起来。"

我的书房中还有一些宝贝，它们是我在旅行途中带回来的。我用一个个小瓶子把它们装好，贴上了标签，如敦煌鸣沙山凌晨的沙、茶卡盐湖晶莹透亮的粗盐、张掖丹霞地貌孕育的色彩斑斓的泥土……

我的"熠赏书房"，舞台虽小，天地却宽。与它相伴，足矣。

获奖感言：

很高兴我的书房获得了市实小"最美书房"的荣誉，感谢同学和老师们对我的支持与信任。今后我将继续在我的"熠赏书房"中翱翔，去阅览历史，畅想未来，并把冰心奶奶的名言"读书好，多读书，读好书"作为自己的读书准则。我相信这些我读过的书会成为我进步的阶梯。

家长寄语：

妈妈很庆幸你在某个阶段或是某个时刻爱上了读书，与你共读的时光是快乐与幸福的。通过阅读，我们可以认识和探索世界。请你记住：眼睛看不到的，读书可以；脚步不能丈量的，读书可以；身体无法抵达的，读书可以。哪怕我们活在方寸之地，依旧可以拥有大境界和大格局。

班主任点评：

你的书房之美，美在不仅有"五车书"，还有七八"宝瓶"。那些丰富多彩的书，养性明志，使人品格高尚；接天通地，使人心驰神往。那些装有沙石的"宝瓶"，使敦煌文化触手可及，让盐湖形成的秘密熠熠闪光。"斯是陋室，惟吾德馨"，此中乐趣，不足为外人道也。老师相信在这小天地里，你一定能成长为一个有温度、懂情趣、会思考的人。（李力老师）

六（1）班濮林浩的"溢铭书屋"

书房介绍：

我的书房叫"溢铭书屋"，寓指才华横溢，又有一鸣惊人之意。书香浪漫，令人陶醉。我的书房整整齐齐摆放着各类书籍，大约有500本。它们源源不断地为我提供着精神食粮。

书房的南面有一架木制钢琴，我的小书桌放在书房北面靠窗户的地方。书房里还有一处我最爱的阅读空间。闲暇时，我会靠在书房松软的布艺沙发上，捧一本书来细细品读，好不惬意！

"腹有诗书气自华，最是书香能久远。"读书可以让我心情愉悦，减轻我学习生活中的压力，增长我的见识，开阔我的眼界。父母常常和我共读一本书，聊读书收获，探讨人生哲理。

我的"溢铭书屋"，一路见证我的成长与蜕变！

获奖感言：

六年来，我从一个不懂事的孩童，逐渐成长为爱学习、懂礼貌、有爱心、有集体荣誉感的"实小人"，这和市实小浓厚的校园文化氛围、老师们的谆谆教诲密不可分。我爱我的校园、我的六（1）班，我爱我的老师们和同学们。同时，我也感恩于我的父母给我创造了安静舒适的学习环境。我将不辱市实小"最美书房"的殊荣，让阅读成为我生命中不可或缺的一部分。

家长寄语：

世界那么大，求学的道路是漫长的，路途是坎坷的，一路上你都将承受风雨的洗礼。希望你在成长的道路上以梦为马，以汗为泉，不忘初心，不负韶华！

班主任点评：

"溢"，有才华横溢之意；"铭"，代表着鞭策勉励自己。小小的"溢铭书屋"富含父母望子成龙的期盼。书中有金戈铁马、气吞山河的豪迈，也有枯藤老树、小桥流水的雅致，更有从小立志、树立理想的执着。"溢铭书屋"是濮林浩的良师益友，引领他茁壮成长。（韦丽老师）

六（3）班李东翰的"光环书房"

书房介绍：

我的书房叫"光环书房"。为什么我会想到这个名字呢？人的一生也许会被很多光环笼罩，如"学习光环""运动光环"。电视剧的主角还常常有"主角光环"。为什么他们有光环附身？因为他们对剧情的发展很重要，没了他们剧情就会发展不下去。而我也想争取成为"重要的人"。

我的房间位于我家的二楼，面积不大，里面有序地摆放着我的书桌、书柜和钢琴。一张白色书桌占据着西北面，上面有一个书架，书架上满满当当地放着各类书籍，比如《天气之子》《三体》《哈利·波特》《呐喊》。打开书桌上的台灯，找出一本我喜爱的书细细品读，这是我最舒服的时光之一。

东北面是一架钢琴，上面放着动漫手办、耳机、电脑硬件包装盒、贴纸……通过阅读与电子产品相关的书籍杂志及网络资讯，我拥有了"电脑专家"的光环。书桌和钢琴旁是一扇明亮的落地窗，透过它，我能看到日出日落。眺望窗外，我总能找到灵感。这扇窗见证着我阅读的书籍从简单快乐的《喜羊羊与灰太狼》到有着恢宏世界观的《三体》；见证着我的阅读兴趣从熊大、熊二和光头强的打打闹闹到思想深邃、一针见血的鲁迅先生；见证着我从天真烂漫的儿童成长为懵懵懂懂的少年。

获奖感言：

能获得此次"最美书房"的称号，我很开心！我要感谢同学们和老师们对我的支持。刚开始参加班级初赛的时候，我感觉自己的书房平平无奇，但是同学们用投票表达了对我的肯定，随后老师们不断指导，让我的书房设计更上一层楼。感谢大家，我会不断努力，争取更大的进步！

家长寄语：

得知你的书房获评学校"最美书房"，我们都很高兴，但是也算意料之中。因为看书是你最大的兴趣之一，同时你也为参加评比做足了准备：精心设计了比赛照片，不断修改书房介绍，精益求精……我们相信胜利向来只眷顾努力的人，也希望你以后能继续努力，取得更多胜利！

班主任点评：

一方小天地，万千大世界。李东翰的书房面积不大，但书籍摆放井然有序。书房里有一扇大落地窗，拥抱着阳光阅读，是让小李感到最惬意的事情。

小李同学阅读面广，兴趣广泛。他既喜欢历史书籍，也喜欢人物传记，更喜欢科幻小说和电脑知识。小李同学不仅爱好阅读，还能学以致用，经常帮助老师和同学解决一些实际困难，是大家公认的"电脑专家"。

小书房是他的知心好友，是他的充电房，陪伴着小李从天真烂漫的儿童成长为懵懵懂懂的少年！（吴虹艳老师）

镇江市实验小学"最美书房"提名奖

一（2）班郭昱涵的"神奇书屋"

书房介绍：

我没有固定的书房，因为我的家里随处都有我的小书架，客厅、卧室、书房，甚至过道，处处都摆满了我爱看的书。

我之所以给我的书房起名叫"神奇书屋"，原因有两个。第一，我是一个名副其实的被绘本故事喂大的孩子。我家的童书近千本，小书架有很多。我的书房就像小影子，一直跟着我，你说神不神奇？第二，我最喜欢的书是《神奇校车》，里面的卷毛老师太厉害了。她上天入地无所不能，带领着小朋友们探索科学的奥秘。我家也有个"卷毛老师"，她是我的妈妈。妈妈每天陪着我一起在书海里遨游，让我学到了很多很多的知识。所以，我的书房就是我专属的"神奇校车"！

一（11）班歆宜的"学习天地"

书房介绍：

我们家的书房不算大，但我在家大部分时间都是在书房里度过的。书房的墙面是淡绿色的，一进书房就让人感觉很宁静。书房里有一面书柜墙，摆放的大部分是爸爸的藏书。爸爸尤其喜欢看历史方面的书。这个超长寒假，我读的最多的是历史故事和古诗词，这些书开启了我对中华上下五千年的浓烈兴趣。

午后的阳光洒进来，我坐在书桌前，听爸爸给我讲有趣的历史典故，遨游在历史的长河中，这真是一种享受啊！因此，我给我的书房起了个名字，叫"学习天地"。我爱我的书房！

二（4）班谢曦瑶的"乐书堂"

书房介绍：

我喜欢读书，读书对我来说是一种享受，更是一种乐趣。

闲暇时光，我最喜欢待的地方就是我的书房。这里有迷人的童话世界，经典的神话故事，也有深刻的寓言故事。每次阅读的时候，我总会不自觉地化身为书中的主人公，身临其境的感觉棒极了！书架上的一本本书，连接成知识的海洋，而我，就像海绵一样吸收着知识的海水。妈妈知道我喜欢读书，于是不断往我的书架上补充各种书籍。

我相信，阅读的种子终将开出跟随我一辈子的繁花。

三（3）班周嘉琪的"三味书屋"

书房介绍：

在我的房间里，我最爱的就是每天陪伴我的小小书架了，我还给它取了个特别的名字——三味书屋。

我的书屋有三层，也就是三种味道——草莓味、蓝莓味和橙子味。第一层是草莓味，都是一些软壳类的书；第二层是蓝莓味，都是一些硬壳类的书；第三层是我最喜欢的橙子味，都是知识丰富的科学类书籍。闲来无事，我喜欢捧起一本书，尽情地在知识的海洋中遨游。

"点亮阅读之灯，开启智慧之门。"书的世界是包罗万象的，是丰富多彩的，让我们一起畅游在知识的海洋中吧！

三（6）班王曦贝的"曦贝书房"

书房介绍：

"曦贝书房"藏有图书300多册，仅我个人的书籍就有100多册，其中成集、成套的有20多个系列。这里有动漫连环画，有童话故事，有经典小说，有世界名著，内容可丰富啦！

最特别的是，"曦贝书房"藏有一本中国老一辈革命摄影家程默生前赠送的书。爸爸把这本书送给了我，希望我不忘革命传统，紧跟前辈足迹，走好人生道路。

三（7）班张瀚文的"笑猫书房"

书房介绍：

我有一个可爱又漂亮的书房，白色的墙面上装饰着我画的画、临摹的字帖。书房里有两个比我还高的书柜，上面整齐地摆放着各类书籍，有寓言故事、童话故事、历史故事、百科全书等。在两个书柜中间，有一扇大大的落地窗。我在窗台上放了一盆绿萝和一盆兰花草。迎着窗户，摆放着一套粉色的桌椅。

我最开心的事，就是在书房里看我喜欢的《笑猫日记》《寓言故事》……每当读到有趣的地方，我就会开怀大笑，一阵阵笑声于是便从我的书房传出。所以，我的书房被妈妈称为"笑猫书房"。我还从书中懂得了许多道理。我很喜欢"笑猫书房"，这里是一片属于我自己的天地。

四（5）班魏博颜的"青蓝居"

书房介绍：

妈妈给我家的书房起名为"青蓝居"，我想应该是书房里挂着写有"青出于蓝"四字的书法作品的缘故。这是爷爷在我们乔迁新居时亲自书写的。我家的书房是爸爸、妈妈和我共用的。妈妈经常在书房的书桌上办公、上网课、听讲座、看书等，而我则喜欢坐在靠近窗边的小沙发上看书。有时看书看累了，我就和爸爸坐在书房的蒲垫上下象棋。我看的书种类很多，有军事、历史、地理、文学、数学……我最喜欢看的就是军事类的书籍了。我的梦想是长大当一名军事科学家，制造出先进的武器，为国争光！

六（2）班陈紫浏的"居敬斋"

书房介绍：

一进入我家的书房，最引人注目的就是那一整墙的书架，上面满满当当放着各种各样的书，如文学类的、科学类的……最上面的书要站在凳子上才能拿到。

书房很朴实，除了墙上挂着一幅山水画，再无其他装饰品。在这样的书房里读书，心很容易沉静下来。所以，我为我家的书房取名"居敬斋"。"居敬"，有恭敬之意，亦有安静之意。读书就要排除杂念，专心致志。心静意诚，居敬持志，才能真正把书读好。

虽然我家的书房不是最美的，但我可以自豪地说，我家书房的书肯定不是最少的！

魅力家庭讲故事，红色印记润童心

一、活动背景

2021 年是中国共产党成立 100 周年，是全面建设社会主义现代化国家新征程的开启之年。为深入贯彻落实习近平总书记在党史学习教育动员大会上的讲话精神和总书记关于注重家庭家教家风建设的重要论述，营造爱党爱国爱家的良好氛围，镇江市实验小学将以"魅力家庭讲故事，红色印记润童心"为主题，在市实小家庭中开展丰富多彩的亲子阅读和交流分享活动，引领父母和孩子一起品读红色书籍，回眸红色印记，让红色经典伴随孩子健康成长。

二、活动流程

1. 2021 年 5 月 1 日，邀请学生家长参加亲子阅读。

向市实小家庭推荐百部适合不同年龄段学生的经典图书。

2. 2021 年 5 月 1 日—5 月 10 日，共享亲子阅读美好时光。

3. 2021 年 5 月 11 日—5 月 20 日，分享亲子阅读体验。

分享一：红色故事我来讲（1~2 年级）——亲子阅读音频故事征集活动

家长和孩子通过讲述建党百年来的英雄人物故事，在鲜活的故事中感悟党的初心使命，培养爱党爱国的朴素情感。学校将遴选优秀故事在微信公众号上推出。

音频要求：时间在 5 分钟以内，配上文字说明、亲子照片。口齿清晰，有背景音乐，音频文件以"姓名+联系方式"命名。

分享二：红色故事我探究（3~4 年级）——亲子阅读成长故事征集活动

家长和孩子通过亲子阅读、亲子交流学习党史，忆苦思甜铭党恩。学校将遴选优秀阅读学习故事在微信公众号上推出。

分享三：红色故事我感悟（5~6 年级）——家庭主题观影、短视频征集活动

观看革命烈士的动人事迹，鼓励学生将看剧观影后的真情实感、家庭亲子阅读的美好瞬间以短视频方式展示出来。

短视频要求：画面清楚，声音清晰，时长控制在 3 分钟以内，附文字说明。视频文件以"姓名+联系方式"命名。优秀短视频作品将在学校微信公众号上集中展播，向建党百年献礼。

三、活动内容

分享一：红色故事我来讲

这个小朋友叫胡与行，是镇江市实验小学一（4）班的学生。胡与行的祖爷爷生前参加过抗日战争、解放战争及抗美援朝。抗美援朝时，他的祖爷爷隶属于中国人民志愿军第27集团军第81师，参加了著名的长津湖战役。胡与行的祖爷爷为新中国成立及社会主义建设付出了毕生精力，并一直严格要求自己和家人。在他的影响下，胡与行的爸爸等家人都加入了中国共产党。良好家风代代传承，胡与行一家努力营造崇文尚德的小家氛围，为建设新时代繁荣富强的中国贡献出自己的力量。

瞧，这两枚熠熠生辉的奖章均由中共中央、国务院、中央军委颁发，分别为"庆祝中华人民共和国成立70周年"纪念章、"中国人民志愿军抗美援朝出国作战70周年"纪念章。这是胡与行的祖爷爷的遗物，也是他家里的"传家宝"。这两枚奖章给予了一家人无限的力量！

分享二：红色故事我探究

经典总能穿越千年，给生命以滋养。阅读红色经典的过程就是与先贤对话、与智者神交的过程。边读边思、互动交流是无法言喻的"小确幸",是照进心灵的一道光。今天我们就走进四(2)班殷睿志的家庭书房,共享他们的探究故事。

阅读探究一

殷睿志妈妈:儿子,你每天顶着晨光到学校学习,踏着暮色才离开学校,那你觉得自己为什么而读书呢?

殷睿志:妈妈,我知道!我是为了自己的未来在奋斗!

殷睿志妈妈:那你知道100多年前,有一名与你年龄相仿的少年也回答了同样的问题吗?他的回答是——为中华之崛起而读书。那名少年就是周恩来。

殷睿志:这篇课文我学过。我要像少年周恩来那样,不怕困难,有抱负和胸怀,为祖国的繁荣昌盛、民族的振兴发展努力学习,奋发向上!

殷睿志妈妈:周总理立此志向,是因为他在少年时代目睹了中国人在租界受洋人欺凌却无处说理的情形,痛心于"中华不振"。从此,他立志要为振兴中华而读书。你可以去读一读《周恩来传》,多了解周总理的生平事迹,加深对伟人的认识。

阅读探究二

殷睿志：妈妈，读了《周恩来传》，我印象最深刻的是红军的长征。周恩来是中央红军长征的策划者和指挥者之一，对红军长征的胜利起到了无可替代的重要作用。

殷睿志妈妈：是呀。那关于长征你了解多少呢？

殷睿志：我知道，1934年10月，第五次反"围剿"失败后，中央主力红军为摆脱国民党军队的包围追击，被迫实行战略性转移，退出中央根据地，进行长征。

殷睿志妈妈：你知道得还挺多。红军长征发生在当时的反"围剿"时期。正是在遵义会议上，周恩来坚决支持毛泽东的正确路线，为确立毛泽东在全党的领导地位起到十分重要的作用。而在红军长征的路上，也发生了许多值得铭记的故事！

党史链接

血战湘江——向死而生

1934年12月1日，是红军长征突破湘江的最后一天。宽阔的江面上，浓烈的硝烟中，红军穿着早已磨穿的草鞋，蹚着冰冷刺骨的江水，强渡湘江。紧追而来的敌人从后面用机枪疯狂扫射，头顶的敌机不断往河里投弹轰炸。将士们浴血奋战，与敌搏斗。行进的队伍中不断有人倒下，沉入江底，牺牲的红军战士的遗体堆积在河滩和两岸。红八军团约11000人，渡江后只剩下1000多人。

飞夺泸定桥——红军长征期间的重要战役

1935年5月25日，中央红军先头部队在四川省安顺场强渡大渡河后，沿大渡河左岸北上，主力则由安顺场沿大渡河右岸北上。红4团第2连连长廖大珠等22名突击队员在枪林弹雨中沿着火墙密布的铁索夺下桥头，并与左岸部队合围占领了泸定城。中央红军主力随后从泸定桥上越过天险，粉碎了蒋介石歼灭红军于大渡河以南的企图。

殷睿志妈妈：长征中红军所表现出来的坚韧不拔的共产主义理想、革命必胜的顽强信念、艰苦奋斗的伟大精神，以及一往无前、不畏牺牲的英雄气概，构成了伟大的长征精神，成为激励共产党人和人民群众继续前进的巨大动力。

殷睿志：那我要继承和发扬自强不息、艰苦奋斗的长征精神！

分享三：红色故事我感悟

六（5）班的徐励锐颉同学，对科学充满兴趣，动手能力强。有自己独特见解的他，常常和小伙伴一起展开探索。机会总是垂青有准备的人，劳动节假期，在第20届 Robotex 世界机器人大会中国总决赛上，徐励锐颉和他的小伙伴从全国各参赛队伍中脱颖而出。他个人更是在"迷你相扑"项目中勇夺冠军。是什么给予他无限动力？让我们一起走进徐励锐颉的家庭，聆听感悟。

徐励锐颉分享感悟：

时光如水，岁月如梭，许多历史瞬间值得被我们铭记。习爷爷这样对我们说："十八大以来的五年，是党和国家发展进程中极不平凡的五年。""五年来的成就是全方位的、开创性的，五年来的变革是深层次的、根本性的。""经过长期努力，中国特色社会主义进入了新时代，这是我国发展新的历史方位。"正如习爷爷所说，我们国家的发展正处在新的历史方位，科技创新水平正在加速迈向国际第一方阵。一个又一个举世瞩目的科技成就展现在我们面前：C919大型客机试飞成功，"蓝鲸2号"海上钻井平台迎来首航，"蛟龙号"深海载人潜水器创下多项历史纪录，全球最大射电望远镜——"中国天眼"担起宇宙科学研究的重任，嫦娥三号月球探测器创造月球工作最长时间纪录，"墨子号"量子科学实验卫星让我们在量子通信领域领跑世界，天宫二号成为我国首个真正意义上的空间实验室……这些成就的取得是一代又一代科学工作者不懈努力的结果。习爷爷告诉我们："拥有一大批创新型青年人才，是国家创新活力之所在，也是科技发展希望之所在。"要建设创新型国家，创新型人才必不可少。我们青少年正处在一个人一生中生命力最旺盛、想象力最丰富的时期，要以初生牛犊不怕虎的勇气，充分发挥想象力和创造力，为科技创新贡献自己的智慧。我们青少年正处在一个人一生中好奇心、求知欲最强的时期，要努力学习知识，特别是科学技术知识，打好基础，为实现科技强国、民族复兴而不懈努力。

徐励锐颉爸爸分享感悟：

历史是最好的教科书。读党史可以帮助孩子们更好地了解国情、党情和近现代中华民族奋斗的历史，深刻领会党的首创精神、奋斗精神、奉献精神和优良传统，使红色基因浸润心灵，树立正确的世界观、人生观、价值观，从而进一步增强对中国共产党和社会主义祖国的热爱，坚定中国特色社会主义的理想和信念。少年强则国强，孩子们既是实现第一个百年奋斗目标的经历者和见证者，更是实现第二个百年奋斗目标、建设社会主义现代化强国的生力军，赶上了大有可为、大有所为的历史机遇。孩子们，让我们在实现中华民族伟大复兴的生动实践中放飞梦想吧！

好书推荐

丛书《写给青少年的党史》紧紧围绕"中华民族是怎样站起来、富起来、强起来的"这一主旨，以青少年喜闻乐见的讲述方式来构建整体框架，以提问题的方式梳理归纳了当代青少年最为关注的 60 个问题，突出重点、难点、热点、亮点，按历史阶段分编成 6 卷，依次为《中国有了共产党》《红色星火燎原》《战火中成长》《中国人民站起来了》《春天的故事》《筑梦新时代》。每卷既独立成书，又共同构成一个连贯整体，系统地反映了中国共产党的历史。每个问题都设有"名言金句""读党史长智慧"栏目，以帮助青少年更好地掌握主要内容和精髓启示。

佳片推荐

电影《厉害了，我的国》将中国在改革开放和社会主义现代化建设中所取得的历史性成就，进行了全方位、多层次的展现。它通过一个又一个生动具体的故事拉近了与观众的距离，让观众在赞叹和惊呼的同时，发自内心地明白"幸福是奋斗出来的"。影片更让观众深刻地意识到，自己身处一个伟大的时代、一个全新的时代。在未来的学习和工作中，我们要像片中中国梦的创造者那样，以更好的姿态投入其中，成为这个时代坚定的奋斗者和奉献者。

第二节　乐享厨房

　　春节期间，镇江市实验小学鼓励学生"秀"出自己亲手制作的年夜饭，解锁自家厨房的"魔法"。学生们用照片、短视频等形式记录下制作过程和美食成果。春游、秋游是学生最喜爱的活动，美好的日子怎能少了研究美食、分享美味？学生自创美食，在"分享之旅"中体验快乐，加深友谊。在今天的镇江市实验小学，每个学生都拥有自己的乐享厨房。

让寒假"乐"起来

　　红红火火过大年，来份美食迎新年。又是一年春节时，你准备好"秀"一"秀"色香味俱全的年夜饭了吗？吃是中国传统文化的一大内容，春节自然更是少不了舌尖上的美食。中国地域辽阔，各个地方、各个家庭都有自己的年夜饭习俗。今年，就让我们一起大显身手，加入年夜饭的准备中吧。将生米变成熟饭，将面粉变成蛋糕，将蔬菜变成美食……快来解锁你家厨房的"魔法"，"秀"一份你家的春节拿手好菜，让这个寒假"乐"起来。

　　展示方式：用照片、短视频等形式记录下制作过程和美食成果。开学后，学校组织学生进行分享，评选出"乐享厨房"。

　　我每天会自己收拾房间，帮家人盛饭……今天我学着包饺子，以感激家人的辛苦付出。通过劳动，我学会了珍惜，懂得了感恩。

——三（5）班鲍依苒

春游是我们最期待的活动。在这次活动中，我们不再局限于超市采购，还自己动手制作了美食。你看，蛋糕、春卷、寿司……中西合璧，美味无限。怎么样，想来尝一尝吗？

——四（2）班师生

分享美食：汤圆。

食材：糯米粉、芒果、草莓、椰丝。

——四（6）班袁梓琪

酱汁翡翠串串虾，春游哪能少了它！

春风和煦，阳光明媚，我和同学们一起春游踏青，感受大自然的美好，享受野餐的欢乐。出发前，我和妈妈用基围虾和水果黄瓜精心烹制了一道菜。我给它取名为"酱汁翡翠串串虾"。到了饭点，大家拿出自己精心准备的美食一起分享，我的这道菜受到一致好评，被一扫而光！春风、阳光、美景、美食，给我们带来了无限的欢乐！

——四（8）班杨舜茗

第三节 有爱餐厅

"饭前洗手。""坐在桌前不许晃腿，不许敲碗敲筷。""家中长辈开吃后，小孩子才能动筷。"这些小小的规矩是父母的言传身教，更是世世代代流传下来的"财"。茶余饭后，我们可以与长辈围坐在有爱的餐厅里一起说家风、话家训、写家书、谈家教、识家谱、明家史、"秀"家宝、赛家宴。

例如，有低年级小朋友在有爱餐厅里，和爸爸妈妈一起制订了餐厅公约。

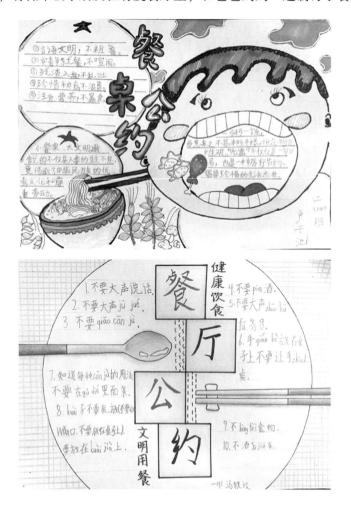

通过和家人一起制订餐厅公约，学生不仅体会到了"一粥一饭当思来之不易"，更感受到了浓浓的亲情。时代在变迁，生活在进步，但小小餐桌上的礼仪教养将代代延续，生生不息。

还有学生积极发挥想象力和创造力，为有爱餐厅绘制了有趣的连环画。

1. 寒假到了，和外公外婆共进晚餐时，请外公外婆先吃，随后自己再动碗筷。

2. 饭前要洗手，养成良好的卫生习惯。

3. 餐桌礼仪要注意。坐姿要端正，吃饭时不许晃腿，不许敲碗筷。要细嚼慢咽。

4. 珍惜粮食，避免剩餐，践行"光盘行动"。饭后，我帮妈妈一起收拾餐桌。

5. "亲爱的外公，快快坐下，今天辛苦了！我来帮你捶捶背，揉揉肩。"

6. 在忙碌的工作与学习之余，我们一家三口团团围坐，在餐桌前看书习字，一起学习，共同成长。

7. 在外公的熏陶下，我逐渐爱上了书法。贴上自己书写的福字，迎福纳福，福气满满。

8. 大年三十，外公、外婆、爸爸、妈妈和我其乐融融，一起话家风、谈家教，感受家的温暖。这就是我们家有爱餐厅的故事。

镇江市实验小学四（10）班朱芝蓥祝大家新春愉快！一起向未来！

2022 年 2 月 1 日

1. 每天晚上六点，有爱餐厅准时营业，锅碗瓢盆的碰撞交织成动听的乐曲。

2. 今天是年三十，爷爷、奶奶忙活了半天，给大家精心准备了年夜饭。

3. "我来，我来！"格格总是第一个冲到饭桌前负责摆筷，爸爸、妈妈负责摆盘。

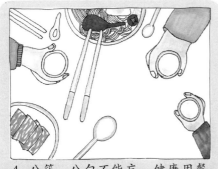

4. 公筷、公勺不能忘，健康用餐全靠它！

5. "爷爷奶奶吃饭！""爸爸妈妈吃饭！"长者先，幼者后，格格等长辈们动筷了再动筷。

6. 格格给妈妈夹肴肉，妈妈给奶奶夹鱼，奶奶给格格夹红烧肉。大家互相望了望，扑哧，笑了。

7. 细嚼慢咽少说话，这样才能助消化。

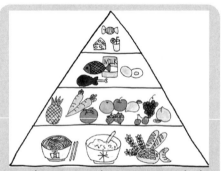

8. 荤的要吃，素的也要吃。有荤有素，身体倍儿棒。

9. 新的一年，格格祝爷爷奶奶虎虎生威，身体健康；祝爸爸妈妈虎年大吉，如虎添翼。

10. 格格帮着爸爸妈妈收拾碗筷，爷爷奶奶坐在沙发上看电视。

11. 美食何须山珍海味，有你，有我，有他，有爱，就是人间至味。

为人父母，表达爱的方式有很多种。有的父母选择满足孩子的物质需求，有的父母花许多精力培养孩子的兴趣爱好……

但是在孩子眼里，爱就是家人围坐在一起，开开心心地吃晚餐。

教育有时候就是这么简单。

第四节 生机阳台

新美育庭堂建设推崇绿色自然的生活居住环境，希望师生都能亲近自然，热爱自然，与自然和谐相处。为此，镇江市实验小学组织了"生机阳台"活动，师生合力，共同展示自己的创意与活力。

"生机阳台"招募

当春草冒出绿芽，

迎春含苞待放，

我将一缕春风珍藏。

小小天地也可以看到美丽的春天。

为进一步倡导绿色生活，美化人居环境，丰富校园和家庭文化，促进学生全面发展，现邀请家长带领孩子一起动手动脑，将自家的阳台打造成充满绿色、生机勃勃的创意生态园。

一、招募要求

家庭成员乐于打造美丽的阳台（露台）、庭院（花园），能根据周围环境、居住条件和自身功能需要，将绿植美化与居家生活功能有机融合，展现出崇尚美好生活的理念和绿色低碳环保的意识。

阳台（露台）、庭院（花园）等场景整洁有序，空间利用合理，布局美观大方。

二、招募形式

一、二年级：照片或视频，记录自己的劳动、植物生长、阳台的变化。

三、四年级：图文并茂的植物生长观察日记。

五、六年级：我的生机阳台诞生记（原来的样子—设计图—改造后的实景图），包括阳台（露台）、庭院（花园）等空间打造心得和养管经验。

三、招募时间

三月：启动。

四、五月：种植培育。

六月：展示。

希望老师们、同学们积极参与，用心体验，一起开启花花果果的相约之旅，打造出属于自己的"生机阳台"。

镇江市实验小学"生机阳台"展示

老师们、同学们，看到招募通知，你是不是已经准备趁着大好春光打造自己家的阳台或庭院了？你是不是正在烦恼种什么植物来装点生活？

教师篇

我们学校的美术教师张力老师，可是一位"园艺大师"。让我们跟着张老师来欣赏一下他打造的美好花园吧。

下面我们来听听张老师的推荐。

应该有同学认识这种植物——绣球。绣球五月开花，最神奇的地方在于开花时它的颜色常会因土壤酸碱度的不同而产生变化。绣球的花在酸性土壤里是蓝色的，而在碱性土壤里则会呈红色。绣球喜欢在半阴的环境中生长。春季要放在采光好的地方养护，夏秋两季要做好遮阴措施，避免暴晒。绣球对水分的需求较大，生长旺盛时需要保持土壤微微湿润，还需要经常在植株叶面上喷水，但是又不能让土壤中有积水产生。

再来说月季。月季是每个花园的必入品种之一，其丰富的色彩总让人难以忘却。月季喜欢阳光，需栽种在向阳的位置。在月季生长期间，要保持好水分供给。月季喜欢肥沃湿润、疏松透气的土壤。

学生篇

我们学校的学生也纷纷大展身手，打造出各种各样的"生机阳台"。

三（2）班张丹檬

我和我的家人都喜欢种植花草，喜欢感受自然的生机与美好。在我的家中就有这样一个充满生机的小小植物基地！

寻一个花盆，捧一把泥土，种上自己喜欢的花花草草。我们会在静待花开的过程中感受到时间的美好。

我家的花园，春有花香，夏有荫凉，秋有素果，冬有梅香！花园一年四季都带给我们不一样的感受，可那欣欣然的生机总是不变！

三（10）班陈屿田

妈妈说我们家的阳台上需要点儿绿色植物，于是乎想到了既好看又能吃的辣椒。刚买来的辣椒苗由于缺水变蔫了，妈妈赶紧把它种到外公家的花盆里。

第二天，"喝饱"了的辣椒苗精神多了。

不知什么时候，妈妈把辣椒苗移栽到了我们家的阳台上。我夜晚会忍不住来看看开花的辣椒苗，早晚都记得给它浇水。

一天放学回来，看到辣椒已经开始结果，我开心极了。

又过了段时间，小辣椒长得更高了。看着绿油油的辣椒，我心里美滋滋的。

终于可以摘辣椒了。我小心翼翼地摘着辣椒，生怕把还开着的花朵碰掉。

我和妈妈说，我们明年可以试着从种子开始播种，看一看辣椒全部的生长过程。

三（11）班曹译心

3月28日　星期一　晴

三月，惊蛰时节，春雷初响，春雨绵绵，万物生长，春芽萌动。

小姨送我两盆月季，其中一盆叫"莫奈"。我想："这名字怎么这么奇怪，难道它跟大画家莫奈有什么关系吗?"妈妈告诉我，莫奈是月季的一个品种，花形有趣，花色多变。莫奈的花瓣可以呈现出不同的颜色，黄白红粉，水墨淡彩，就像名画一样色彩丰富，非常美丽，非常漂亮。它的花朵也很大，层层叠叠，很好看。

我好期待，我的花开出来会是这般美吗？

4月9日　星期六　多云

月季长高了，也变得粗壮了。它好像有使不完的力气，拼命地往上长。可是，妈妈却把刚长出来的小花苞和嫩嫩的叶芽都掐掉了。我又心疼又生气："妈妈，您在干什么呀？好好的花苞为什么要掐掉呢？"妈妈蹲下来微笑着告诉我，掐掉新长出来的花苞和叶芽，会让月季萌发更多的新枝，开出满盆的花。"有舍才有得哦！"原来是这样，我在心里仔细地思考着这件事情。

4月16日　星期六　多云

糟了！糟了！

月季的叶子黄了，长斑了，并且不断往下掉。我焦急地把这个情况告诉了妈妈。怎么办呢？

妈妈告诉我，月季生病了。月季和人一样，也会生病，会缺乏营养，会受到虫子或病菌的伤害。浇水多了会不舒服，浇水少了会渴。月季的茁壮成长，离不开人们的精心呵护。我想它好像跟我们小孩子一样，需要老师和家长的呵护。嘻嘻。

4月24日　星期日　晴

月季吃药了。在我和妈妈的精心照料下，它很快就恢复了健康。叶片油亮油亮的。跟妈妈说的一样，它长出了很多新的枝条。翠绿的枝条迎风摇摆，还不时地向我点头，就好像在跟我说谢谢呢。

5月2日　星期一　多云

花多多1号，花多多2号，罐子里的蓝色粉末，还有黄色小圆球一样的奥绿。这些是干什么用的呢？

妈妈说，这些都是月季喜欢的营养补充剂。就像小孩子长大需要蛋白质、碳水化合物和维生素一样，花儿也需要营养。奥绿是跟土混在一起的。花多多是与水混合喷洒的。

我一边施肥，一边念叨，快快长大吧，快快开花吧。我想早日看到你们的"庐山真面目"。

5月8日　星期日　多云

你知道月季的生命力有多么顽强吗？今天妈妈带我做了一个实验：剪一段

枝条插入土中，看看它是不是这样就能活。

5月15日　星期日　多云

哇！月季带着我的期盼，长出了许许多多的花朵。这些美丽的花朵一簇簇的，一个枝头能有六七朵花苞。有的花苞开了一点，隐约可以看到花的颜色；有的花苞则是刚刚萌出的，覆盖着一层细细的绒毛，就像一个个熟睡的小婴儿。看，好可爱！

5月28日　星期六　多云

扦插的枝条真的成活了。从它的枝叶间长出了几片小小的嫩绿的叶子。不可思议！它虽然显得那么柔弱，却又那么坚定地挺立在那里。只要有土、水和阳光，便有了希望。这是令人敬佩的顽强的生命力。

6月1日　星期三　多云

终于等到了月季开花。一盆月季是紫红色的，可又不像一般的紫红那么暗淡，颜色看上去让人觉得特别舒服。它的枝头竟然长了十几个花苞，就好像铆足了劲儿，想要和莫奈比美似的。莫奈的花，跟我想象的有些不同。颜色很淡，花心是黄色的。淡黄色的花瓣，被粉色染得斑斑点点的，像是极具神韵的中国画。花瓣层层叠叠，花蕊被裹得密密实实。外层的花瓣展开着，如同高洁的仙子的纱裙。太美了！

五（7）班梁洪豪

小时候，我去四川的外公外婆家玩，非常喜欢乡下的小院子。院子里各种各样的蔬菜和众多不知名的花草常让我非常羡慕，也期待什么时候自己在镇江也能有个这样的小院子。

有一天，爸爸很神秘地问我，想不想有一个小院子，在里面玩耍和种植自己喜欢的植物。我兴奋不已，开始和爸爸在电脑上一起研究怎么设计自己的小院子。经过反复讨论，爸爸妈妈和我决定将院子分为三个区：休闲娱乐区，满足妈妈和朋友喝茶、聊天、打牌的需求；花草区，种植各种花草，如月季、荷花、绣球、蜡梅、栀子等，这也是我和爸爸妈妈都喜欢待的地方；菜园区，种上黄瓜、茄子、辣椒、丝瓜、冬瓜、西红柿、小青菜等。

设计完毕后，爸爸妈妈就开始组织工人加班加点地布置小院了。经过工人

叔叔半个月的紧张施工，一个全新的小院终于呈现在我面前。

刚开始的时候，由于我们没有养花和种植蔬菜的经验，花草不断枯萎，西红柿等蔬菜总是枝叶繁茂但果实稀少。我和妈妈开始上网搜索，并不断向农村的爷爷奶奶请教，收获了许多种植知识。例如，夏天不能在中午气温高时浇水，应早晚两次浇水；应将茂盛的西红柿苗顶端的枝叶去掉，限制它向上发展，从而保证枝叶下面的果实充分吸收营养。

功夫不负有心人，经过不懈努力，我们的小院子变得生机勃勃。

看着自己的小院子繁花盛开、蔬果飘香，我甭提多自豪了。与此同时，我也明白了一个道理：一切美好的东西背后，都有很多看不见的付出；挫折和失败都是暂时的，只要不断总结、不断想办法，总会有成功的时候。

五（8）班叶芷熙

起初，我家的阳台还未被改造，空空如也。

改造前空空如也的阳台

后来，阳台上陆陆续续出现了很多小花，给我们的生活增添了美丽的色彩。

阳台上多了许多可爱的花

have a good day.

我们还种了南瓜和小青菜，阳台变得更加生机勃勃。

阳台改造成功了。看着满眼的绿色，我们一家的心情愉快极了。

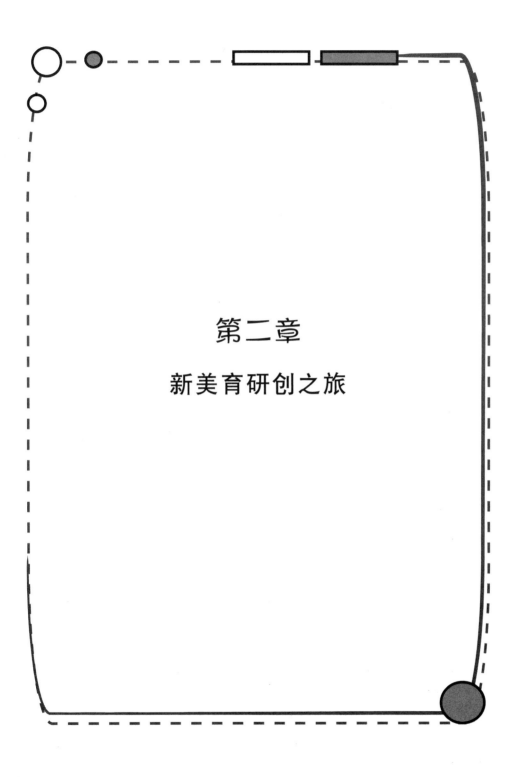

第二章

新美育研创之旅

这份遗产，我们共同守护

中国少年先锋队（简称少先队）是中国共产党创立和领导的中国少年儿童的群团组织，聚焦政治启蒙和价值观塑造是少先队工作的根本任务，指导少年儿童开展丰富多彩的实践体验活动是少先队辅导员的职责。2022年全国少工委八届三次全会强调，在新时代背景下，要不断强化少先队社会化工作能力，组织少年儿童在广阔的社会天地中砥砺品格、增长本领。镇江市实验小学少先队结合地方特色资源，围绕2017年习近平总书记对建设大运河文化带作出的重要指示，开展了"这份遗产，我们共同守护"大运河文化主题活动，学习一代代运河人薪火相传的先锋精神。

研创旅程

《中小学德育工作指南实施手册》提出，乡土文化资源无论对哪个学段的学生来说都是熟悉的、具体的、可感知的，更易让学生产生兴趣、融入记忆。镇江市实验小学精心挖掘学校周边资源，发现学校所在的地方曾被古运河三面环绕，且紧邻宋元千年粮仓遗址，周围还有大运河镇江段京口闸遗址、西津渡千年码头遗址。学校充分利用家长资源，聘请大运河文化带建设研究院镇江分院的高逸凡博士作为校外辅导员。活动从"宝贵的遗产"展开解读，分三个层次引导队员解读大运河遗产的内涵，激发队员传承和保护大运河文化的志向。

一、这是一份宝贵的智慧遗产

中国大运河全长超过1700公里。修建长距离运河往往面临地形高差、水源控制等方面的难题，但中国古人凭借卓越的智慧都一一克服了。为引导队员发现大运河是一份宝贵的智慧遗产，活动聚焦大运河开凿中运用的水闸技术，让队员们亲自操作进行体验。

（一）运河开凿

大运河镇江段京口闸遗址保留了一段古运河水道，并建有一个小展厅，里面有图像和视频讲解水闸工作原理，非常适合队员自主学习。

为了让队员们直观形象地感知大运河开凿的路线，发现开凿中可能遇到的问题，辅导员老师在活动前做了一个运河地形模型，用沙埋住运河路线，让队员们根据重要的起点和终点城市体验大运河开凿之路。

"地形有高有低，船只怎么通行？"队员们的提问，引出了大运河开凿中遇到的难题。

（二）从埭到闸

有困难就要想办法解决。古人是怎么解决水位有高有低的问题的呢？校外辅导员演示了埭的工作原理。古人又根据埭，发明了闸。

接下来，校外辅导员播放了一段动画视频，来让队员们认识京口澳闸的工作原理。

为了让队员们亲身体验船只过闸，辅导员老师带着大家来到大运河与长江交汇处的谏壁船闸。队员们坐船出运河到长江，切身感受了进闸和出闸的过程。在闸道指挥室，队员们还看到了船闸是怎样调度船只的南来北往的。

就这样，大运河的水闸工程从图纸走向立体，从理论走向实践。队员们深深感受到了大运河开凿的不易，明白了这项水利工程就是一份宝贵的智慧遗产。

二、这是一份宝贵的文化遗产

（一）运河舟楫，南来北往

"这些船只会驶向哪里？"队员们看着江面上来往的船只不禁提问。

辅导员老师鼓励队员们自己寻找答案，于是，大家根据地图分组在运河地形模型上标出了大运河沿线城市的名称。

校外辅导员告诉队员们："大运河沟通南北，为流经之地带来了商机和活力。除了促进商贸往来，四方八地的民俗文化也会沿着大运河传播。"

接着，大家来到了大运河镇江段西津渡千年码头遗址。如今这里仍然热闹繁华，接待着天南地北的游客。

队员们通过走访调查，在西津渡寻找千年前南来北往的游客留下的足迹。

"这里有唐朝诗人留下的诗句。"

"这里有保存了千年的码头的台阶，还有一个亭子写着待渡亭。"

"这里的房屋建筑有不同风格。"

"这里既有佛寺，也有道观。"

……

（二）津渡吟诵忆千年

队员们换上传统服饰，走在青石板街上，吟诵运河诗词，沉浸式体验千年码头的繁华与兴盛。

三、这份遗产我们共同守护

如今的大运河清澈如镜，沿岸风景秀丽。这是一代代运河守护人默默奉献的结果。

（一）闸口守卫护航道

队员们从谏壁船闸管理所章所长口中得知，被誉为"江南第一闸"的谏壁船闸，平均每天通船600多艘。船闸是运河上的"卡口"。为了保障南来北往船只的顺利通行，每一个船闸人寒来暑往，不分昼夜，始终坚持为船员做好服务。队员们表示，虽然他们现在还没有守护大运河的能力，但他们会学习一代代闸口人的奉献精神，将来也为大运河事业作贡献。

（二）"民间河长"自发巡河护河

"民间河长"是一对老夫妻，也是两位老党员。他们每天早晚巡河一次，不论刮风下雨。队员们听完他们巡河护河的故事，对他们肃然起敬，纷纷学着他们一起巡河。大家在运河边捡拾垃圾，阻止钓鱼行为。

（三）名人"华夏"守护大运河文化

"华夏"寻访镇江的角角落落，捡拾整理散落的大运河文化碎片进行宣传，倡导保护大运河文化，在镇江网民圈大名鼎鼎。他告诉队员们，其实每个人都可以做大运河文化的宣传人，越多的人参与就会有越多的人知道，就能更好地守护大运河文化。

　　要守护大运河这份宝贵的遗产，队员们可以做什么呢？在寻访了几位运河守护人后，大家感悟到了一代代运河人薪火相传的先锋精神，表示可以和家长一起巡河护河，可以在学校宣讲大运河文化。说到做到，回到学校后，队员们酝酿起大运河文化宣传创意作品展，用画笔、声音向更多的人宣传大运河文化，倡议大家投入保护大运河的行动中。

研创反思

1. 活动意义与价值

　　大运河是连接海上丝绸之路和陆上丝绸之路的纽带，其开凿和通航深化了中华文明多元一体的格局，促进了中华民族共同体意识的形成。这在区域协作共享、国际合作共赢、文化多元包容等方面具有启示意义。大运河文化有很多可以挖掘的政治点、思想点、精神点，是政治启蒙和价值观塑造的好题材。

镇江是大运河沿岸城市，拥有丰富的大运河遗产段和遗产点。我们作为镇江人，应熟知大运河文化。队员们采访时发现，一位在西津渡千年码头遗址附近经营了 20 年的店主对大运河文化竟一无所知。看来，要真正实现对大运河的保护、传承和利用，知识普及和宣传是首要的，这需要社会、学校、家庭共同努力。

2. 校外一体化

充分调动相关社会资源是实现一体化教育的前提，一体化的实现也离不开校内外的一体共识、一体模式。就本次主题活动而言，校内外辅导员应共同设计方案，清楚每一个活动环节的重点，以便精准点题，避免活动偏离主题。

3. 资源开放

从文明办到社区，再到航道办、水利局、博物馆，本次主题活动联系地点有 5 处，相关人物近 10 人，得到了社会各界的大力支持。这是开展校外少先队活动的有力保障。

"籽"为你而来

习近平总书记在党的二十大报告中指出："巩固和发展最广泛的爱国统一战线……以铸牢中华民族共同体意识为主线，坚定不移走中国特色解决民族问题的正确道路，坚持和完善民族区域自治制度，加强和改进党的民族工作，全面推进民族团结进步事业。"我国是统一的多民族国家，五十六个民族就像一颗颗石榴籽紧紧拥抱在一起。民族团结既是坚定的信念，也是积极的行动！

一、小石榴籽蕴含大精神

在一次主题队课上，我组织队员们举行了一场"剥石榴大赛"。队员们有怎样的活动感受呢？

"石榴籽一颗颗地紧紧抱在一起，很难将它们颗颗分离地剥下来。"

"我认为它们就像相亲相爱的一家人，紧密相连。"

大家畅所欲言。

陈瑾暄不解地询问："老师，石榴籽和我们今天的队课有什么关系呢？"

习近平总书记在全国民族团结进步表彰大会上指出："实现中华民族伟大复兴的中国梦，就要以铸牢中华民族共同体意识为主线，把民族团结进步事业作为基础性事业抓紧抓好。我们要全面贯彻党的民族理论和民族政策，坚持共同团结奋斗、共同繁荣发展，促进各民族像石榴籽一样紧紧抱在一起，推动中华民族走向包容性更强、凝聚力更大的命运共同体。"

　　这些紧紧相拥的石榴籽就像我国紧密团结的五十六个民族，小石榴籽可蕴含着大精神呢！习近平总书记在讲话和回信中引用了许多民族团结故事。在镇江，有一位张苏叔叔，他也是民族团结中一颗火红的"石榴籽"。2019 年，他被国务院授予"全国民族团结进步模范个人"称号。

　　队员们问道："这位张叔叔现在在哪里？他的民族团结故事是什么呢？"
　　大家决定寻访这位"石榴籽"叔叔。队员们制作好"'石榴籽'寻访清单"，出发！

二、汉藏心连心

队员："张叔叔，20 年前您就立志要做民族团结中的一颗'石榴籽'。您为什么会有这样的志向呢？"

2004 年到总后勤部青藏兵站部参军入伍的张苏展示了一条洁白的哈达，为队员们讲述了他人生中第一条哈达的故事。

那是一个冬天，青海西宁正值天寒地冻，张苏外出执行任务时偶遇一名藏族老奶奶无助地瘫坐在路边。他迅速蹲下身，背上崴脚的老奶奶赶往医院，一走就是五六公里，随后又护送她安全到家。临走时，看到老人家中十分贫困，他悄悄将身上仅有的 200 元钱全部留了下来。那时，他一个月的津贴只有 150元。一周后，张苏刚走出部队大门，竟意外看到老奶奶在门外等候。见到张苏，老奶奶双手捧着洁白的哈达，颤颤巍巍地走了过来。老奶奶说，她已经连续三天在这个时间点过来"蹲守"了，就是为了给张苏献上她心目中最珍贵的哈达。

张苏："我只是做了一件我认为应该做的事情，没想到收获了这么深厚的汉藏情谊。"

看到张叔叔展示的荣誉勋章，队员们不禁好奇地提出了请求："张叔叔，您能跟我们说说这些荣誉勋章背后的故事吗？"

张苏给队员们翻看了一直珍藏在他手机里的照片，高山雪地留下他奔波跋涉的脚印：为给藏族同胞生病的孩子连夜送药，他差点命丧雪窟；为给村民送去物资，海拔 4000 多米的山头他来回奔走上百次……

张苏虽已离开西藏，但从未忘记那里的孩子们。"带你们去看看外面的世界！"这是张苏 9 年前劝导藏族地区辍学孩子重返校园时的一句承诺。为了实现这个承诺，2019 年 7 月，他托人买齐了 23 张卧铺车票，利用休息时间跑了镇江数十家宾馆和各处景点。直到为孩子们制订好最佳行程，他才松下一口气。瞧！孩子们第一次走出了西藏，走进了张叔叔曾经许诺带他们看看的"外面的世界"。

开启"西藏儿童成长陪伴计划"，组织"大学生支教团进拉萨"……张苏的行动一直在继续。

队员："张叔叔，现在已经有多少人加入您这个'石榴籽家庭'了呢？"

张苏："已经有1000多人了。最初，我一个人行动。现在，我已经有了一群与我同行的人。"

一颗颗"石榴籽"，他们守望相助，共创美好，联结起汉藏两族人民的心房。

三、"石榴籽"成团谱赞歌

张苏认为自己只是民族团结进步大家庭中的一颗小小的"石榴籽"。在浩荡的历史长河中，我国各族人民积极沟通，广泛交流，为整个中华民族的发展作出重大贡献。如今，无数优秀的援疆、援藏人才加入"石榴籽大家庭"。他们扎根边疆，把青春融入党和人民的事业，为铸牢中华民族共同体意识谱写一曲曲赞歌。

四、"小石榴籽"的大志向

队员："张叔叔，我明白了您平凡中的坚持，以及援疆、援藏的叔叔阿姨们的奉献。我也要做一颗为民族团结进步贡献自己力量的'小石榴籽'。"

寻访最后，队员和张苏共同写下自己的心愿，并亲手把心愿贴到"民族团结树"上，立志为民族团结事业接续奋斗。张苏将那条洁白的哈达传递到少先队员手中。

队员们的眼神更坚定了，大家在坚定中明白了自己的使命。

寻访回来后，队员们就开始行动了。经民主商议，大家一致投票通过了《小石榴籽公约》：铸牢中华民族共同体意识，全面推进民族团结进步，从小做起，从我做起。

五、"小石榴籽"为你办大事

1. 成立"石榴籽红领巾宣讲团"

我们在校内以多种形式宣讲民族团结故事，到社区发放民族团结宣传单，号召更多的人加入民族团结建设的行动。

2. 创办"石榴籽暖心驿站"

我们和校外辅导员张苏，以及其他党员老师一起，通过"石榴籽暖心驿站"将爱心包裹寄给西藏德庆中心小学的同学们。

3. 开通"'籽'为有你"云平台

我们与新疆、西藏的小伙伴在"云端"交流互动，共同感受社会的发展与祖国的美好！

　　民族团结一家亲，五十六个民族要共同团结奋斗，共同繁荣发展，共建美好家园，共创美好未来。

研创反思

1. 强化思想引领

引领队员牢记习近平总书记关于铸牢中华民族共同体意识的嘱托，强化对少年儿童的政治启蒙和价值观塑造。

2. 突出活动引导

开展主题式寻访、沉浸式体验等多种形式的少先队活动，突出队员的主体作用。

3. 重视行动引路

在行动中教导队员向身边的先锋、榜样学习，教育队员从小听党话、跟党走，引导队员立志做共产主义接班人。

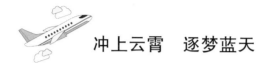

冲上云霄　逐梦蓝天

研创时间

2021 年 8 月 19 日。

研创人员

黄璟瑶、刘曦文、周子涵、林瑾瑜、王潇可、黄明浩。

研创目标

学习航空知识，培养对祖国航空事业的兴趣。

研创旅程

　　每个孩子的心中都有一个飞行梦，那是与白云并肩、与飞鸟齐舞、与蓝天相拥的奇妙感受，令人无比向往。暑假的一天，镇江市实验小学三（5）班假日活动小队的队员们来到镇江大路通用机场进行参观，并驾驶飞机冲上云霄，在秀美的山水间体验了心中期待已久的蓝天之旅。天空中的白云好像一朵朵巨大的棉花糖，近在咫尺，仿佛一伸手就能触摸到。真想张开嘴巴咬上一口，看看这天空中的"棉花糖"到底有怎样奇妙的滋味。

一、如何征服蓝天

中国人自古以来就怀有飞行的梦想。三星堆出土的人首鸟身像、栩栩如生的敦煌飞天壁画，都充满了古人对飞翔的向往。或许正是因为人类自己不能飞行，所以我们的祖先才把飞行视为超凡的能力，编织出了"嫦娥奔月""列子御风"的美丽故事。古人认为，人之所以不能飞翔，是因为缺少翅膀，所以很久以前就曾有人用鸟的羽毛制成翅膀绑在身上，尝试飞行。随着科技的发展，从滑翔机到热气球，从飞艇到飞机，人们就这样一步步地征服了蓝天。

今早的天空格外晴朗，同学们迎着朝阳来到了开启自己航空梦想的地点。飞行教员带领大家一起思考"为什么飞机的机翼不能上下扇动却能像鸟儿一样飞翔""是什么在为飞机提供动力"等航空理论方面的问题。爱动脑筋的同学们积极踊跃地回答问题，获得教员的连连夸赞。

二、打开神秘之门

走过安检那道门，同学们仿佛步入了一个全新的世界。终于能近距离接触从前只能仰头观看的飞机了。偌大的机库里停着不同类型的飞机，有直升机，也有固定翼飞机。同学们目不转睛地观察着每架飞机的形态及动力装置，感叹着它们的神奇。

原来，虽然飞机的机翼不能上下扇动，但机翼的前后缘均装有可以移动的操纵面。改变操纵面的形态，能够产生不同方向的空气动力，从而使飞机自由自在地在空中划出一道道奇妙的轨迹。通过亲眼证实刚刚学到的知识，同学们更加深刻地理解了航空理论，每个人都兴奋得不得了。

三、模拟飞行的乐趣

在机库参观了一圈，同学们有点迫不及待地想要驾驶飞机在蓝天中翱翔。但是在此之前，同学们需要先通过模拟机熟悉驾驶飞机的基本操作。全动飞行模拟机为同学们提供了演练操作的机会。在教员的带领下，同学们上手完成了保持平飞、协调转弯、匀速爬升和下降等基本动作。经过这些学习，同学们更加熟悉飞机的性能了。

每一位飞行员都是先从模拟机训练开始一步步精练自己的技术，最终成为合格的飞机驾驶员的。同学们也是一样，"地面苦练，空中精飞"这句飞行员的口号同样也在影响着他们。看着他们认真练习的样子，教员不禁说："将来你们每个人都能成为真正的飞行员！"

四、梦想成真的时刻

终于等到这一刻，小小飞行员们可以驾驶飞机冲上云霄了。大家欢呼雀跃起来。天气虽然炎热，却不及孩子们想要体验飞行的热情。由于涉及飞行安全和人员安全，因此机场设有很多禁区。同学们懂得遵守规章制度的重要性，严格按照引导员指示的路线行走。坐进驾驶舱的那一刻，每个人的心情都既紧张又兴奋。真正的飞行终于开始了！

在发动机的一阵阵轰鸣中，同学们依次完成了飞行体验。每个人走下来的第一句话都是："感觉太棒了！好想再飞一次啊！"

经过了今天的参观学习和体验，同学们不仅掌握了许多专业知识，近距离接触了神奇的飞机，还与蓝天有了第一次亲密接触。他们对天空的憧憬和向往更加强烈了。

忙碌的一天结束了，同学们不但不觉得疲累，反而十分兴奋。他们说，今天学到了很多以前从未接触过的知识，感觉很充实，很有意义。少年们在一点点长大、变强，他们对蔚蓝的天空说："等我们长大！我们会再来续写未完的蓝天梦的！"加油吧，少年们，未来的天空是你们的！

研创感悟

黄璟瑶：我的爸爸妈妈都是飞行员，从小我就和他们一起生活在机场。每天听着飞机运转的隆隆声，看着飞机在天空中画出一条条美丽的线，小小的我也对天空充满了向往。这次体验飞行活动对我来说意义非凡，它让我有机会离蓝天更近一步。我从小就幻想着自己像鸟儿一样自由自在地在天空中翱翔。飞行是我的梦想，希望未来有一天我可以实现自己的梦想！

刘曦文：得知要去机场参观，我高兴得手舞足蹈，到达机场后都有点不知所措了。坐进模拟机里，我觉得很神奇，脑海里萌生了要当飞行员的想法。原来开飞机并没有那么简单，不仅要学习航理知识，还要在模拟机上进行操作学习。坐上真机时，我笑得合不拢嘴。飞行教员在空中跟我喊话，我既紧张又兴奋，只记得他说"要开始翻跟头了"。我比画了一个"OK"的手势，于是教员就开始了他的表演。哈哈，真是太刺激了。我在空中看到了城市，看到了长江，看到了从未见过的美丽景色。我情不自禁地喊着："太棒了！太酷了!"不知不觉中，我们就结束飞行落地滑回了。在机库参观不同类型的飞机时，我满脑子还是在天空中翱翔的情景，心情久久不能平静。

周子涵：我一直有个梦想，希望可以冲上云霄自由翱翔，在天空中俯瞰美丽的祖国大地。今天我终于有了这个机会，来到镇江大路通用机场参观学习和体验飞行。活动中，我不仅学习了航空航天知识，还近距离接触了飞机，与蓝天有了第一次亲密接触。翱翔于蓝天的感觉真的很棒，给我留下了深刻的印象！飞行是短暂的，只有几分钟，但这短暂的几分钟却牢牢地印刻在了我的心中，让我对飞行员这个职业有了新的认识，也让我的眼界变得更加宽广。这将会是我人生中一段美好的回忆。

林瑾瑜：微风不燥，阳光正好。帅气的机长带我在云中穿梭，体验自由飞翔的感觉。大地、房子、汽车……一切都变得那么渺小。此时，我真愿化作一只鸟，在蓝天白云中俯瞰大地，在天地之间自由地翱翔。

教师点评

汤健老师：发展航空航天事业是一代又一代中国人的梦想，需要新时代的年轻人不断地传承下去。纵观人类历史长河，每一个伟大的创举都是从小小的梦想开始的。本次假日小队活动主题鲜明，内容丰富，很有教育意义。希望同学们从小培养对天空探索的兴趣，长大了成为优秀的人才，将中国航空航天梦一一实现！

5G 强国　追梦少年

研创时间

2021 年 8 月 10 日。

研创人员

二（3）班快乐假日小队所有队员。

研创目标

学习中国通信发展史；了解中国的网络建设、5G 发展近况、物联网应用、云计算及智慧生活；体验 VR 眼镜、机器人智能互动。

研创旅程

我们伟大的祖国正处在大力推动高质量发展、建设网络强国的关键时期，5G 和大数据的应用和发展已上升为国家战略。为了更好地培养新时代强国建设接班人，镇江市实验小学精心组织学生参观移动 5G 展馆，引导学生从小树立网络强国信念，立志"强国有我，请党放心"。

一、时光长廊开启 5G 之旅

室外骄阳似火，室内同学们心潮澎湃。二（3）班快乐假日小队所有队员穿戴整齐，系着鲜艳的红领巾，来到位于檀山路的移动物联网大厦参观 5G 通信展馆。

在专业讲解员的带领下，同学们参观了时光长廊：从古代通过烽火狼烟、飞鸽、快马驿站、鸣金等方式传递消息开始，到 19 世纪中叶电报、电话的发明和电磁波的发现，再到 20 世纪 80 年代以来的 1G 模拟通信、2G 数字通信、3G 多媒体通信、4G 多功能通信，一直到现在开启 5G 万物互联的新时代通信。大家还认识了之前没有见过的传呼机、"大哥大"等通信设备。

二、小小卡片真智能

讲解员带领同学们学习了很多科学知识，大家知道了万物互联原来是指通过信息传感器和互联网对物品实现智能化的识别和管理。目前有两种常用的物联网应用与人们的生活息息相关，一种是通过移动宽带，另一种是通过物联网卡。

空调、台灯、音箱等家电可以通过网关也就是移动宽带进行连接，只要在手机上下载并绑定同样网关账号的应用软件，就可以实现对这些家电的远程操控。还有大街上的共享单车，就好比物联网的终端。通过在车锁的位置内置一张物联网卡，人们就可以对车辆进行定位，查询其行驶轨迹。

同学们还学习了"和对讲"。只要在"和对讲"设备里内置一张移动物联网卡，就可以实现专业对讲、多媒体对讲、可视化调度，还能拍摄传输视频、定位、设置电子围栏等。大家看到了一双与普通的运动鞋没什么区别的鞋子，但是它却具有防走失功能，因为鞋垫下方被植入了一张物联网卡。有些老爷爷老奶奶年纪大了，会忘记自己的家在哪里，这款鞋子可以帮助家人快速定位找到他们。最后，同学们通过观看机房建设小视频，快速了解了之前不太熟悉的信号来源，在感叹声中结束了今天的研创之旅。通过这次研创，同学们收获良多，纷纷表示一定努力读书，学习科学文化知识，立志"强国有我"，长大后创造出更先进的科学技术，为强国建设贡献力量！

研创感悟

徐俊然：通过参观5G通信馆，我了解了什么是互联网。万物互联是那么神奇，"千里眼"、VR让人产生身临其境的感觉。通过这次参观，我不仅增长了见识，还开阔了视野，收获颇多。很多新时代设备让我赞叹不已。作为一名新时代的中国少年，更应该爱科学、学科学、用科学，为实现科技自立自强作出贡献！

吴铮：通过这次研创之旅，我学到了好多关于5G信息化、大数据、人工智能的知识。古代，人们通过烽火狼烟、飞鸽往返等方式传递消息；现在，人们用智能手机、无线通信传递消息。信息化、智能化发展得多快啊。祖国的5G科技运用也非常广泛，能远程看病、远程监控。机器人还会说话。真为祖国信息化的发展感到骄傲！

朱秋瑶：通过这次参观，我深刻体会到了科技发展的日新月异，坚定了好好学习、科技报国的决心。

王依蔓：这次研创之旅让我深入了解了5G技术加虚拟现实技术给生活带来的各种便利。人们由此能身临其境地进行"云参观""云旅游"，还能享受远程"云医疗"等服务。这为人们带来全新的生活体验。

教师点评

郭颖老师：此次研创之旅让同学们拓宽了眼界，感受到了我们国家日益强大的科学技术开发能力，而在这惊人发展的背后，是无数为这份事业钻研奉献的中国人，是锐意进取的中国精神。作为新一代青少年，我们要努力学习，不断创新，为实现中华民族伟大复兴的中国梦添砖加瓦！

对生命的承诺 对爱的奉献

研创时间

2021 年 7 月 25 日。

研创人员

雏鹰小队所有队员。

研创目标

了解血站的工作目的和工作内容,了解血液的采集、存储、检验方式,加深对无偿献血的认识。

研创旅程

无偿献血是文明社会倡导的,以奉献、爱心为主题的社会公益事业。天气虽然炎热,但挡不住镇江市实验小学四(4)班雏鹰小队的队员们参与研创活动的热情。队员们早早来到镇江市中心血站门口,怀着崇敬、感恩的心开启了参观血站的暑期新美育研创之旅。

一、了解有关血液的知识

血站的工作人员向队员们讲解了有关血液的知识：血液由血小板、白细胞、红细胞、血浆组成；血型主要分为 A 型、B 型、O 型和 AB 型；血液为人体源源不断地传输营养物质，是不折不扣的生命之河。

二、了解无偿献血的常识和工作程序

前来献血的志愿者首先要填写表格，这是为了避免血液不合要求或者献血条件不足。队员们参观了机采室和献血前进行一般检查的地点，了解了采集血样前严格的审核步骤。

三、了解血液采集、存储及检验

队员们满怀好奇，在血站工作人员的引领下来到专门的低温场所——待检库和成品库参观。在待检库里，队员们看到了经过离心机提取的冰冻待检血浆；在成品库中，队员们看到了准备运往医院的成品血浆、血小板等。听工作人员说，血小板的保存温度是 20℃～24℃，并且要放在一个特殊的柜子里不停地晃动。红红的血液里原来藏着这么多学问。

四、观看献血人士的感人事迹

　　血站的工作人员还向队员们讲解了献血的流程，介绍了无偿献血的三个"有利于"，以及献血前后的注意事项。队员们在光荣榜上看到了献血人士的感人事迹，被这些大爱人士深深震撼。

　　这次活动深深触动了每个队员的心灵，队员们纷纷表示，长大后要将无偿献血事业继续下去，用可再生的鲜血去挽救生命。只要我们献出自己的爱，世界就能充满温情。

研创感悟

　　陈昱含：这次参观血站的经历让我受益匪浅，使我对无偿献血有了认识和了解。每一袋血对献血者来说都是爱心的结晶，是无畏的勇气、助人的精神；

每一袋血对输血者来说都是生命的延续，是生命的暖流。等我长大后，定会将无偿献血的事业继续下去，去挽救他人的生命。

徐梓璐：这次参观使我了解了"一滴血的温暖旅程"，学到了很多关于人体血液的小知识。我明白了献血不仅不会影响身体健康，反而能给有需要的人新的生命。我暗下决心，等长大成人，我也要加入无偿献血队伍，主动做志愿者，让更多的人知道无偿献血的意义。

朱宣睿：一袋袋鲜血，汇聚爱心洪流。用自己的力量帮助到别人是非常值得开心的事。素不相识的两个人，也许因为血液就有了生命的联系。这次参观中心血站，让我深感"一腔热血作奉献"的伟大，也明白了"真情滴滴送温暖"的意义。我们的社会需要爱心英雄挽袖捐献，也需要血站每一名工作人员都仔细认真地工作。只有毫不懈怠，才能保证用血安全，才能给患者带来新生的希望。献血光荣。在我心中，每一位献血人都是英雄。

教师点评

周敏老师：本次研创之旅使同学们对无偿献血有了认识和了解，帮助同学们理解了"捐献可以再生的血液，挽救不可重来的生命"这句话的真正含义，在他们幼小的心灵里根植了仁道、博爱、奉献的思想理念，弘扬了社会正能量。

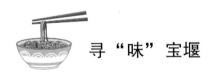

寻"味"宝堰

研创时间

2021 年 8 月 20 日。

研创人员

阳光少年成长领航团队员代表。

研创目标

1. 通过查阅资料、现场调查、参观体验，了解"什么是小康""小康是如何实现的""小康之后的未来是怎样的"。

2. 通过寻访，知道小康生活不是凭空而来的，要流血，要流汗，要拼搏，要奋斗。

3. 坚定制度自信，培养热爱党、热爱祖国、热爱人民的美好感情。

4. 通过寻访构建探寻家乡未来建设之路的意识，思考如何参与城市建设与发展，真正成为城市生活的小主人。

研创旅程

八月的盛夏是属于少先队员的，20 日这一天，镇江市实验小学阳光少年成长领航团的少先队员怀着火热的心，高举队旗，来到美丽的历史文化古镇、革命老区——宝堰寻访小康。队员们从老师、家长那里听到了各种对小康的解释，但脑子里还不是很明白，希望通过这一次的寻访实践走进小康、了解小康。

一、什么是小康？

出发前，队员们通过查找资料、访问长辈，对"小康"一词各自进行了解读。

华梓宁说："小康是邓小平爷爷说的，指虽不富裕但日子好过，百姓摆脱贫困，衣食无忧，生活安定。"

张歆悦说："小康是维持中等生活水平的家庭经济状况，指在温饱的基础上，生活质量进一步提高，达到丰衣足食。"

高乙宁说："我认为，小康就是人民不再经历战乱，能安居乐业，幸福生活。"

二、宝堰镇的小康

当来到实现了小康的新农村——宝堰后，队员们寻到的小康是这样的：洁净的柏油马路让人心情舒畅，人们自在地穿梭于车水马龙之中；道路两旁的店铺也都热闹非凡。一排排仿古居民楼成了一道独特的风景。小楼被绿树掩映，门前溪流潺潺，仿佛一道光亮的水带，让居民楼熠熠生辉。这里环境优美，干净整洁。人们日出而作，日落而息，怡然自得。整个小镇在蓝天白云的映衬下更显宁静与祥和。

刘丰源说："我们来到镇上吃午饭，桌上的美食琳琅满目，红烧肉、酱鸭肉、百叶炖豆腐等特色菜让我们垂涎三尺。汤足饭饱，我们个个都吃得满嘴流油、肚子滚圆。一个普通的饭店，一顿平常的午饭，让我们感受到人们生活富足、衣食无忧。我想在这里生活的人一定心情舒畅，这可能就是小康生活吧。"

华梓宁说："宝堰人从过去很穷'吃不饱'，到'吃得饱'，到现在'吃得好'，这就是小康。听说以前这里都是木头门，有的家甚至都没有门。但现在家家都有了'小康门'——铁门。实现小康的幸福生活都是奋斗出来的，稻香鱼肥的宝堰镇在实现小康的道路上留下了一串奋斗的足迹。"

三、小康是如何实现的

队员们来到新四军四县抗敌总会纪念馆寻找答案。在这里，他们听到了陈毅铿锵有力的《卫岗初战》，看到了战火留下的斑斑印记。为了赶走日寇，为了新中国的成立，诸多革命先烈把鲜血洒在了宝堰这方热土。

　　获得和平自由的生活后，宝堰人一直踏实劳作，走在实现丰衣足食的道路上。在习近平总书记对江苏提出"强富美高"的发展要求后，宝堰人更是大步前进，在建设小康之路上奋起拼搏。

　　袁可馨说："纪录片《宝堰传奇》让我看到了断壁残垣、满目疮痍的宝堰。对比现在高楼林立、生态宜居的文化古镇，我真切感受到小康生活离不开新四军革命军人的牺牲、共产党的正确领导、宝堰镇老百姓的艰苦奋斗。"

　　魏兰懿说："我们今天的小康生活是前人用血汗换来的。我们要珍惜现在的幸福生活，勤俭节约，将中华民族的美德代代相传。"

　　华梓宁说："当我听说宝堰古街旁的一条河道是当地村民自己挖出来的时，很是震撼。这条河里的水除了雨水，应该还有一半是挖河人的汗水吧。"

　　不仅如此，宝堰镇人利用农耕文化、红色文化开拓新农村发展之路，因地制宜，打造红色文旅品牌，建设文化经济一体化的生态新农村。如今的宝堰，青山绿水，和谐温暖，人们不仅能吃饱，也能吃好。宝堰人安居乐业，宝堰镇安宁祥和。

四、未来的宝堰，以后的小康

　　最后一站，队员们来到了宝堰品牌标签——岳家酒坊。刚进门，队员们就闻到了阵阵酒香。岳家三代人——岳爷爷、岳叔叔和小岳同学热情地接待了队员们。岳家祖祖辈辈都在这里从事酿酒工作，岳叔叔带队员们参观了作坊的浸泡间、发酵房，介绍了米酒的酿造过程。

随着科技的进步，中国很多传统手工艺都被大型机器制作替代了。制酒当然也经历了机械化发展，但岳家人坚持要把老祖宗的传统技法传承下去。与此同时，岳家人把米酒与"互联网+"结合起来，通过网络把米酒卖到了全国各地。当被队员们问到长大后是否会传承这份祖业时，小岳同学毫不犹豫地回答："会!"如今，岳家酒坊手工土法酿造工艺已经成为镇江市非物质文化遗产，岳家酒坊也成为传承传统文化和生态文化旅游的著名景点，为生态宝堰、文化古镇的发展添上了浓重一笔。

传统技艺、文化传承与新发展理念、现代科学技术相结合，再插上互联网的翅膀，老字号无疑会飞得更高更远。这也代表着人们的生活将会从小康走向富裕，变得更加幸福美好。

研创感悟

华梓宁：原来小康不是空洞的口号，它就在我们每个人的身边。让我们从自身做起，用自己的努力创造出更好的未来。加油!

张逸帆：宝堰的乡村虽然没有城镇那么热闹，但是人们的生活自给自足，别有意趣。这里的乡村就是小康生活渗透进每家每户最真实的写照。

魏兰懿：这次寻访让我深深感受到幸福生活的来之不易。我们要珍惜现在的幸福生活，牢记历史，传承红色基因。

教师点评

臧萍老师：希望通过这次寻访活动，在队员们心中埋下一颗红色种子，引导队员们坚定制度自信，传承红色基因，从小学先锋，长大做先锋，为实现中华民族伟大复兴的中国梦时刻准备着。

用脚步丈量家乡土地
以心灵感受红色记忆

研创时间

2021 年 7 月 13 日。

研创人员

四（8）班第一假日小队所有队员。

研创目标

坚定爱党、爱国的信念，在榜样人物和革命历史的激励下为实现中华民族伟大复兴而努力学习。

研创旅程

七月骄阳似火，山河格外明丽，红领巾分外鲜艳。13 日上午，四（8）班第一假日小队的队员们从学校出发，在老城区走街串巷，寻访身边的百年党史故事。

一、访嵇直故居

队员们先来到大西路布业公所巷8号，看到一栋三间两厢的两层小楼。小楼有着古朴的花窗、枣红色的木门。

门前有一块刻着"镇江市文物保护单位嵇直故居"的大理石石碑，悠长小径的外墙上陈列着六块红色展板，图文并茂地介绍了镇江第一位马克思主义传播者嵇直的生平及光辉事迹。

二、访陆小波故居

走过历史的弄堂，队员们踩着青石板来到了中华路打索街 68 号——陆小波故居。一幢有着清末民初江南风格的百年民居，掩映在周边现代化的高层建筑群中，显得卓尔不群。陆小波是江苏省著名的爱国民主人士、民族工商业者。他一生实业救国、兴学育才、造福桑梓，对促进镇江地方多项事业的发展作出了非凡贡献。

三、访中共镇江地方史馆、镇江方志馆

怀揣着对嵇、陆两位先生的敬仰之情，队员们列队来到了中共镇江地方史馆、镇江方志馆参观。在讲解员的带领下，大家认真聆听镇江革命先烈的英雄事迹，瞻仰革命遗物，了解百年来中国共产党在镇江地区的革命史、建设史和

发展史，切身感受革命先辈一路走过的艰辛路程和取得的巨大成就。

经过两小时四公里的研创寻访，队员们虽已汗流浃背，但收获颇多。一颗颗红色的种子深埋心间，更加坚定了队员们童心向党的信念。队员们都希望在镇江"跑起来"的过程中接好接力棒，贡献自己的力量，为这座城市争得更大的荣光。

研创感悟

习景涵：早上我们自学校徒步出发，沿途经过大杨家巷、鱼巷、中华路、人民街……走在老城区晚清时期建筑风格的街巷上，听着父辈儿时在街头巷尾间的趣事。父辈们感慨着旧时大西路的繁华，说以前每到假日就人头攒动，与现在大西路的萧条形成了鲜明的对比。在布业公所巷的嵇直故居，听着对嵇直的介绍，我们得知镇江第一代共产党人、第一位马克思主义传播者从事革命事业多年，给镇江带来马克思主义的星星之火。在陆小波故居，其传统建筑风格深深吸引了我们。来到镇江方志馆后，同学们聚精会神地观看，陶醉在解说员对镇江丰富历史文化的介绍里。今天我们徒步四公里，追寻着红色足迹，感悟着革命精神。

仲启文：今天上午，我跟随假日小队的小伙伴们一同参观了嵇直故居、陆小波故居、地方史馆和方志馆。没想到我们身边的小街小巷竟隐藏着这么多历史文化遗产。我为我的家乡自豪，也深感我们现在的幸福生活离不开这些人的奉献。

赵子霖：适逢中国共产党百年华诞，我们参观了嵇直故居、陆小波故居，以及地方史馆、方志馆。在那个风云际会的年代，镇江大地上涌现出一批以嵇直、陆小波为代表的有识之士。他们或宣传革命思想，或创办教育，或投资实业，积极投身于救亡图存的洪流中。作为长在红旗下、身处新时代的少先队员，让我们继续为中华民族之崛起而读书！

张徐畅：今天，我们社会实践小分队冒着酷暑，在用脚步丈量家乡土地的同时，深切感受到镇江的红色记忆。我第一次了解到优秀党员嵇直爷爷，为了人民的幸福出生入死、不怕艰难，战斗到最后一刻。我还认识了陆小波爷爷，他是著名的爱国人士，一生实业救国，创办了很多企业，造福了镇江老百姓，受到尊敬和爱戴。我们还来到了镇江方志馆，了解了镇江的前世、今生和未来，感受到共产党带领镇江人民取得的巨大成就。我为生活在镇江这座历史文化名城而感到骄傲和自豪！

教师点评

荆娟老师：这一红色研创之旅坚定了队员们爱党、爱国的信念。希望队员们牢记习近平总书记的回信精神，传承红色基因；学习习近平总书记在庆祝建党 100 周年大会上的重要讲话，谨记新时代少先队员的光荣使命，努力成长为能够担当民族复兴大任的时代新人。

少年心向党　雏鹰逐梦飞

研创时间

2021 年 7 月 17 日。

研创人员

华珩羽、阮亦岩、李沄锦、杨雅淇、段熙蕾、魏莱、尤牧楠、谢骐阳、钱梓淇、夏乙轩。

研创目标

弘扬爱国精神，感恩美好生活；增进对镇江地情文化的了解，增强热爱家乡、热爱祖国的情感。

研创旅程

风雨苍黄百年路，童心向党筑梦想。为进一步加强对镇江的认识和理解，镇江市实验小学三（1）班研创小分队成员前往镇江方志馆参观学习。

一、了解镇江的建置沿革

同学们在讲解员的带领下，通过馆内的沙盘、图文、多媒体等方式，详细了解了镇江至今 3000 多年的建置历史。

二、欣赏镇江的山水名胜

镇江风光旖旎多姿，具有"真山真水"的独特风貌，以"天下第一江山"而闻名四方。同学们通过图片和讲解，从金山、焦山、北固山等富含历史底蕴的山水美景中感悟镇江的悠久历史，进一步了解了这些山水名胜的典故。

三、探寻镇江民俗风情，感受物阜民丰、人文荟萃

千百年来，秀美壮丽的镇江山水，广博深厚的江河文化，吸引了无数文人墨客。如王昌龄的"一片冰心在玉壶"，张祜的"潮落夜江斜月里，两三星火是瓜州"皆出于镇江。镇江一直是南北漕运咽喉和江防要塞，而漕运的发达也极大地促进了镇江经济的发展。镇江在年复一年的积淀中形成了自己独特的方言及饮食文化。如今的镇江，城市越来越美，生活水平越来越高。一张张城市名片，一个个改革足迹，展现了镇江改革开放的巨大成就。

四、感悟镇江先辈的探索奋斗

穿梭于历史长廊，同学们看到了从 1921 年到 2021 年无数仁人志士探索前进的历史。这些人为了探求救国救民的道路，为了实现国家富强、民族振兴、人民幸福而前仆后继、奋不顾身、勇往直前的精神，令同学们心潮澎湃，眼角泛红。大家重温了曾经艰苦的岁月，坚定了为实现中华民族伟大复兴的中国梦而奋斗的决心。

通过这次镇江方志馆的参观学习，同学们对镇江悠久的历史和厚重的文化有了进一步的认识，对作为镇江人感到无比骄傲和自豪。看到无数人为了争取革命胜利抛头颅洒热血的历史场景，同学们领略了改革先行者"敢闯敢试、敢为人先"的豪情壮志，更加觉得今天的和平生活来之不易。希望在于奋斗，未来在于行动。民族的命运掌握在我们这代人手中。"少年强则中国强"，我们一定要继承革命先辈的遗志，努力学习，将来把镇江建设得更加美好。

研创感悟

华珩羽："金山山裹寺，焦山寺裹山，北固山山冠寺。"这次活动让我们感受到了"真山真水"的镇江深厚的文化底蕴，激发了我们的自信心和自豪感。

阮亦岩：通过这次对镇江方志馆的参观学习，我对家乡的历史文化、社会发展有了进一步了解，为作为镇江人而感到自豪。看到如今镇江取得的发展成就，我立志努力学习，将来为建设镇江贡献一份自己的力量！

李沄锦：回顾镇江历史，我进一步了解了被无数烈士用鲜血染红的家乡土地，真切感受到和平生活的来之不易。我要珍惜现在所拥有的幸福生活，脚踏实地地为实现自己的抱负而不断奋进，不遗余力地贡献一己之力，回报家乡，回报社会。

教师点评

葛丽莎老师：少年智则国智，少年富则国富，少年强则国强。真实的体验，胜过千言万语。绿叶中队的队员们利用假期赏家乡美景、品历史人文、树家国情怀，希望你们不忘记过去，不惧怕将来，从自己做起，传承红色基因，争做时代新人。强国有你们！

红色家乡路　深深英雄情

研创时间

2021 年 7 月 15 日至 7 月 25 日。

研创人员

朱颖苒、崔宝元、林逸萌、杨铭浠、崔琰。

研创目标

走家乡红色道路，缅英烈不屈精神，立吾辈奋斗之志。

研创旅程

经历了学校开展的庆祝中国共产党成立 100 周年的系列学党史活动的洗礼，镇江市实验小学一（12）班五朵小花假日小队决定在红色 7 月继续领悟红色精神。

一、方志馆明史，博物馆说史

之前，班级的方志馆学史实践活动让队员们对镇江历史有了初步了解。本次研创，队员们故地重游。解说员着重介绍了镇江在中国共产党的领导下完成的巨大蜕变。土地改革、三大改造、改革开放，一系列铭记史册的大事件推动着镇江的发展，打造出今天新一代少先队员的幸福家园。

接着，队员们前往镇江市博物馆参观主题展"奔流——镇江近代历史陈列"。珍贵的实物、翔实的资料、生动的图片、逼真的场景，让队员们感受到中国共产党冒着腥风血雨、不断斗争最终迎来座座城市解放的艰辛历程。在博物馆外，队员们遇到了前来参观的留学生并主动与他们交流。他们为留学生介绍研创见闻，俨然成了讲好镇江故事的小使者。

二、参观新四军纪念馆，知革命艰苦

队员们的第二站来到了作为"镇江市爱国主义教育基地""镇江市中小学德育基地"的宝堰镇新四军四县抗敌总会纪念馆。队员们在这里看到了抗日军民破坏敌人交通线使用的锄头、钉耙等实物；新四军游击队战士穿过的草鞋，用过的步枪、手枪和手榴

弹，缴获的日军指挥刀等。场馆内的巨幅油画和图片再现了陈毅、粟裕、王必成等老一辈无产阶级革命家的风采。队员们觉得这次研创让他们深深感受到今天的幸福生活是无数先烈流血牺牲换来的，唯有像周恩来那样"为中华之崛起而读书"，才能为建设更加繁荣昌盛的祖国做好准备。

三、学杏虎精神，感新时代英雄

队员们的第三站原定去杏虎纪念馆瞻仰和平年代的英雄许杏虎和朱颖夫妇，并用自己的零花钱买杏虎桃送给福利院的爷爷奶奶们。突如其来的疫情打乱了队员们的计划，大家积极响应学校的号召，少出门，少聚集，和爸爸妈妈一起通过网络视频，"云学习"了许杏虎夫妇的英雄事迹。

四、爱心捐助，明少年之责

"少年兴则国家兴，少年强则国家强。"行动是铭记历史、弘扬精神最强的声音。队员们一致决定，把零花钱捐献给河南遭受水灾的同胞。待到疫情过去，再一起去杏虎村献爱心。

研创感悟

朱颖茜：我们现在能做的就是好好学习，长大以后做一个对社会有用的人，让我们的国家变得更强大。

崔宝元：和平年代，依然有很多烈士为了祖国人民的安危抛洒热血。我们不仅要记住这些英雄的名字和他们的事迹，更要热爱和平，努力学习，做和平的小使者。

林逸萌：国家只有强大，才不会被欺负。少年强则国强，我们一定要好好学习，发愤图强，为祖国的强盛贡献自己的力量！

杨铭浠：当我们在家吹着空调快乐地过暑假的时候，灾区人民却生活在水深火热之中。有无数解放军和志愿者不顾生命安危，奋战在救灾一线。我愿意尽微薄之力，献出一份爱心。希望灾区的人民早日战胜困难！

教师点评

朱智贤老师：通过这次系列研创活动，队员们不仅深入了解了为保卫家乡和保卫祖国而奋斗的英雄，更立志以英烈为榜样，把爱洒在祖国大地上，努力学习，为祖国的繁荣富强而奋斗。研创活动不仅是课堂知识的课外延伸，更有助于队员们通过所看所闻有思有为。

 # 识本草制香囊　体验中华小药师

研创时间

2021 年 8 月 5 日。

研创人员

毛毛虫中队假日活动小分队所有队员。

研创目标

了解中医药文化，学习制作中药香囊，增强民族自信、文化自信。

研创旅程

　　"一株小草改变世界，一枚银针联通中西，一缕药香延绵古今。"中医药文化是中华传统文化的精粹。2021 年 8 月 5 日，镇江市实验小学四（4）班毛毛虫中队假日活动小分队的同学牵手中华老字号"同仁堂"开展研创之旅。

　　中医药凝聚着深邃的哲学智慧，是中华民族几千年的健康养生经验和实践经验的结晶，更是打开中华文明宝库的一把钥匙。在同仁堂中医学堂，同学们变身"小药师"，开启了中医药传承的研创之旅。

一、了解中医药历史，品味中医药文化

同学们在讲解药师的带领下详细了解了同仁堂制药的历史、辉煌、工艺与传承。华佗、张仲景、李时珍……同学们了解了诸多中医历史名人的生平，也

知道了中药分为植物药、动物药和矿物药三类。随后，大家近距离观察了一些常见药材。

二、体验药师职业，传承中医药文化

1. 学习称量包药，配制清凉解暑的酸梅汤

山楂 20 克、乌梅 15 克……在同仁堂，同学们品尝了酸梅汤，并跟讲解药师学习如何制作酸梅汤药包。在讲解药师的指导下，同学们按照酸梅汤配方打药称量，学习使用戥秤和包药。大家感慨："原来秤上的一个格代表两克，每种药材都有准确的重量。配药时一定要认真，不能马虎，也不能急躁。"

2. 亲手制作中药香囊

中药香囊源自中医里的"衣冠疗法"，充分体现了传统中医"治未病"的理念。民间有"戴个香草袋，不怕五虫害"之说。佩戴香囊不仅是一种民俗，而且是一种保健养生的方法。香囊常用的是气味芬芳的中草药，如苍术、山

奈、白芷、菖蒲、川芎、香附、辛夷等。这些中草药含有较强的挥发性物质。现代研究认为，中药香囊内的中药散发出的浓郁香味会在人体周围形成高浓度的小环境，保护人体免受或少受病毒的侵袭，同时还能起到开窍醒神的作用。亲手制作中药香囊送给爸爸妈妈或好朋友，宣传中医里的防疫知识，真是非常有意义！

不过，制作一个好的香囊并不是一件容易的事情，不仅要按步骤进行，在不同的季节还要选用不同的中药材。选药材可是一门不小的学问。在场的同学们在讲解药师的指导下，闻一闻，看一看，摸一摸，俨然一副专业的模样！

不知不觉，近两小时的中医药文化学习结束了。同学们接触到的中医药知识只是冰山一角。中医药探索之旅，我们在路上。

通过这次实践研创，队员们生动、真实、深刻地感受到中医药中的哲学智慧，对中华优秀传统文化有了更深刻的体会，意识到自己作为新时代的少年，有责任学习并传承中医药知识，弘扬中华优秀传统文化，增强民族自信和文化自信！

研创感悟

何祺源：研创活动中让我印象最深刻的是中药的历史。当药师讲到中药的功效时，我不禁想起了神农尝百草的故事。在没有精密仪器的情况下，从发现草药到实践治疗，要经历成百上千次的尝试。中医药是多么宝贵的财富呀！我一定要珍惜中医药这宝贵的文化遗产，为弘扬中华优秀传统文化而努力学习。我默默许下愿望：我长大后要成为一名医术高超的中医，为守护人类的健康作贡献，让中医药文化享誉全球。

梁好：我们在药师的带领下观察了黄芪、连翘等十余味中草药，了解了这些常见中草药的药性和作用，并参与了相关知识问答，明白了"良药苦口利于病"的道理。最后，我们变身为"小药师"，依据药方，在专业药师的指导下称药、抓药，现场配制了酸梅汤和中药香囊。手握中药香囊，品尝着亲手制作的酸梅汤，我们近距离感受了中医药文化的魅力，不禁为中医药的神奇、中华民族的智慧而感到自豪。

华云崴：中医、中药的精华在于用手去感受。大夫用手感受患者的脉象诊病；药师用手感受药材的炮制，用手将药材变成能治病救人的药。我们体验了亲自动手制作的乐趣，感受到药材在手中变成清凉爽口的酸梅汤的神奇。揉一揉，搓一搓，团一团，一个个中药香囊就这样在我们手中做成了。我们产生了满满的成就感。

桑文慧：药师阿姨把做中药香囊的材料发给我们。我的香囊袋是红色的，上面有花朵刺绣。捏起艾草碎叶，把香囊袋填充饱满，再拉紧香囊袋，在下面挂上紫色流苏，这样，一个中药香囊就做好了。回到家，我把它挂在床前，清香扑鼻，还能驱蚊。中医药文化是中华优秀传统文化的重要组成部分，这次走进、学习中医药文化，有助于我们更好地继承和弘扬中华优秀传统文化。

教师点评

魏巍老师：这次研创之旅让学生受益匪浅。学生锻炼了动手实践能力，开阔了视野，提升了道德修养，同时体会到中医药的博大精深，也感受到现代科技与传统技艺的结合能实现中医药功用的最大化。

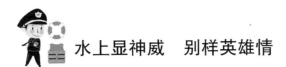

水上显神威　别样英雄情

研创时间

2021 年 8 月 13 日。

研创人员

五（7）班研创第一小分队所有队员。

研创目标

学习水上救援常识，认识水上救援及警用装备，增强自我防范意识；在游泳和戏水时注意安全，远离危险。

研创旅程

2021 年 8 月 13 日下午，镇江市实验小学五（7）班研创第一小分队的队员们来到镇江市公安局水上分局征润州水上派出所（润扬汽渡口），学习、体验了水上警察的一日工作。

一、安全知识讲解

船舶上的主要救生设备有哪些？当船舶遇到危险时，怎样在海上求生？从船上跳水求生应做好哪些准备？……水警叔叔给队员们做了详细的介绍，让队员们了解到许多专业的水上安全知识。水警叔叔还特别强调，小学生不要独自去水边玩耍，不要到陌生水域游泳。此外，假期出行要遵守交通规则，在外就餐提醒家长喝酒不开车。队员们还体验了酒精测试，感受到科技能督促人们知法、守法。

二、警用设备介绍

队员们认识了新型水上遥控救援设备。这套设备遥控距离可达 200 米，满电状态下可续航 20 分钟。借助这套设备救助落水人员（落水人员趴在上面），可以将其以 2 米/秒的速度拉回岸边。救援设备的水上实际操作展示让队员们惊叹不已。

三、室外互动

天气再热也压不过队员们的研
创热情。大家顶着酷热和警察叔叔
们一起登艇,实地了解水上公安的
日常工作内容,体验了一番怎么当
水警。队员们耐心学习正确抛掷救
生圈、救援落水人员的方法,认真
听水警叔叔讲解要领,积极参与互
动,都顾不上擦一擦脸上的汗水。

活动结束,韩卓扬同学接受了
镇江民生频道记者的采访。

　　通过本次活动，队员们不仅学习了课堂上学不到的知识，更体会到了水上警察日常工作的辛苦，同时提升了安全意识。

研创感悟

　　丁彦哲：在我的脑海中，警察叔叔是在马路上指挥交通的交通枢纽，是在陆地上抓坏人的神勇斗士。今天参观了征润州水上派出所，我才知道，原来在水上也有保卫我们的警察。他们先进的装备让我们大开眼界，也一定会让犯罪分子无所遁形。祖国的繁荣稳定离不开他们这样一群人的默默守卫。我们一定不能辜负他们的付出，要成为有志少年。强国有我，祖国万岁！

　　张梓迅：虽然活动只有短短半天，但是却填补了我有关水上救援的知识盲区。我们在警察权叔的安排下有序参观，知道了警用无人机如何工作，以及水上遥控救援设备如何运作。我们还和警察叔叔一起登艇学习了如何正确抛掷救生圈救援落水人员。水上分局的警察叔叔们顶着烈日，手把手地给我们示范。虽然烈日将我们的小脸晒得通红，但是我们毫不退缩，依旧认真地抛掷救生圈。动作标准时，警察叔叔还给我们鼓掌呢！

　　刘心茹：活动中，警察叔叔告诉我们，生命是一个人最宝贵的东西，没有什么比生命更重要。我们要预防溺水，保护好自己。

　　韩卓扬：这次，我和小伙伴们跟着警察叔叔见识了很多高科技警用救援装备。我对一种新型水上遥控救援设备十分感兴趣，还试着操控了一下。这种设备很快就能将落水人员救起来，着实厉害！我还有幸被电视台采访了！

　　周煜宸：今天，我体验了水上警察的日常工作。水警叔叔给我们介绍了水上安全知识和水上救援知识，还让我们亲身体验了一番。我明白了，小孩子不能独自去水边玩耍；在救援时不能犹豫，要第一时间扔出救生圈。我也深刻体会到水警叔叔们保护生态家园和一方平安的重大责任。

　　洪琳皓：我学习了关于水上救援的常识，认识了智能救生圈、水上巡逻无人机等水上救援和警用装备，还在现场进行了操作体验。同时，我也感受到了水上警察的辛苦。我们大家要加强安全防范意识，不给水警叔叔们添麻烦。以后，我要更加努力地学习，长大以后研究发明高科技专业设备，给水警叔叔们的工作提供便利，让遇险的人得到更加及时有效的救助。

教师点评

　　陈建珍老师："纸上得来终觉浅，绝知此事要躬行。"研创分队的孩子们利用暑期参观了水上派出所。通过安全知识讲解、警用装备介绍，以及登艇互动，孩子们不仅开阔了眼界，学到了许多书本外的有趣知识，也体会到了水警工作的辛苦和水警职业的神圣，受益匪浅。

以善为师　与爱同行

{ 研创时间 }

2021 年 7 月 28 日。

{ 研创人员 }

王葆、唐一航、赵瀚泽、卜子骞、蒋雨辰。

{ 研创目标 }

致敬劳动者，懂得感恩，学会珍惜。

{ 研创旅程 }

夜幕渐渐笼罩大地，高速运转的城市在霓虹灯的映衬下安静了下来，繁忙的街道徒留一片凌乱。晨雾缥缈，天色微明，当第一缕阳光洒到大街小巷，你会惊奇地发现，城市又变得美丽洁净了。是哪位爱美的魔法师让城市一夜之间又焕发了光彩呢？

一、我们都是小侦探

阳光灿烂，空气清新，镇江市实验小学二（6）班的五名同学用平时省下的零用钱买了两打水，凭借自己聪明的小脑瓜来到大街上寻找答案。

二、你就是我要寻找的人

1. 寻寻觅觅，其实你就在我身边

平日里被爸爸妈妈捧在手心里的同学们为了找到他们心中的答案，有些吃力地抬着水，顶着烈日，汗流浃背地在大街上四处寻觅，一句怨言都没有。

功夫不负有心人，同学们终于找到了让城市变得整洁的"魔法师"。他们就是经常出现在大街上的穿着橘黄色工作服的环卫工人。他们有魔法吗？并没有。他们只有一把扫帚和一只簸箕。

2. 辛苦劳作，默默无闻

环卫工人用扫帚扫出了城市的文明，用簸箕端出了城市的洁净。他们不是魔法师，而是凭自己的双手让城市一夜之间重新变得整洁。他们不是魔法师，而是我们城市的美容师。

3. 小小的我怀着大大的敬意

环卫工人将城市打扮得如此美丽，却毫不在意自己的穿着打扮。一件橘黄色的马甲是他们的固定装扮。

近距离接触环卫工人的工作，同学们才知道什么叫辛苦。希望小小的一瓶水可以在炎炎夏日带给环卫工人一丝清凉。

三、学会感恩，与爱同行

环卫工人是我们最熟悉的陌生人。他们劳作在城市的各个角落，不畏严寒酷暑，默默无闻地为整个城市带来清洁。

虽然送水的过程很累很热，但同学们毫不抱怨，尽自己最大的努力将水送到每一位他们见到的环卫工人手上，并表达了自己深深的敬意。活动结束在一片欢声笑语中。

研创感悟

王蕺：每个人，不论地位高低、生活贫富，都有自身的价值。作为小学生的我们，应该珍惜当下，好好学习，体现我们的价值！

唐一航：我要更加珍惜环卫工人的劳动成果，用实际行动带动和影响身边的人，为共同拥有一个美丽而干净的家园努力。

赵瀚泽：作为城市美容师，环卫工人兢兢业业，默默付出，任劳任怨。无论是三伏酷暑还是数九严寒，都能看到他们忙碌的身影。他们是这个城市里最可爱的人，我要向他们学习奉献精神。

卜子骞：我要心怀感恩并努力学习，让知识改变生活，让科技走进各行各业，让环卫工人也能有一个轻松舒适的工作环境。

蒋雨辰：环卫工人冬天不畏刺骨的寒风，夏天挺着难耐的高温，为我们清扫大地，而有些享受着美好环境的人并不珍惜他们的劳动成果，还是会把瓜果纸屑随手扔在地上。

教师点评

祁雯晴老师：这次送温暖研创之旅，不仅让学生体会到了环卫工人的辛苦，也让环卫工人感受到了社会的温暖，真正将爱与善良的种子播撒在了每个人的心田。

第三章

新美育活动课程

第一节 校园体艺课程

中共中央办公厅、国务院办公厅印发的《关于全面加强和改进新时代学校美育工作的意见》指出："逐步完善'艺术基础知识基本技能+艺术审美体验+艺术专项特长'的教学模式。在学生掌握必要基础知识和基本技能的基础上，着力提升文化理解、审美感知、艺术表现、创意实践等核心素养，帮助学生形成艺术专项特长。"在镇江市实验小学，学生可以先在体艺课堂上学习基础知识，掌握基本技能，再在社团中进一步学习自己喜欢的艺术专项，培养特长，加强审美体验。

镇江市实验小学积极发掘本校教师的特长，同时聘请校外辅导员共同参与，开设了多种多样的体艺社团。

学校操场上，足球社团的成员在快速移动中传接球，娴熟的动作、精湛的技巧展现出镇江市实验小学足球小将扎实的基本功；篮球社团成员的纵身一投则满富热情。

游泳馆中，学生调整姿势，勇往直前，既掌握了运动技能，又提升了身体素质。

书画教室里，儿童画、水粉画、手工制作等美术类社团以作品集、画展、现场画等形式不定期进行展示，引得师生驻足观赏。

学校舞台常常成为朗诵、合唱、舞蹈等社团的演出阵地，欢快的旋律、优美的舞姿、天籁般的童声、灵活多样的表演形式绘制出一幅幅校园里的美丽画卷。

　　体艺课程彰显的校园文化也走向社区、走向社会，成为学校涵育大美儿童行动的重要载体。近两年，镇江市实验小学有近百人参加各级书画比赛获奖，其中有两名同学获得江苏省中小学艺术展书画类一等奖。配乐朗诵《中国，你有个孩子叫镇江》在镇江市第七届中小学生艺术展演中获得优秀节目一等奖。街舞表演获得镇江市首届中小学街舞大赛一等奖。武术社团的表演视频在学习强国平台播出。游泳、网球、合唱社团在各级比赛中也均有不俗表现。

　　与此同时，镇江市实验小学注重美育与德育、智育、体育、劳动教育相融合，充分挖掘和运用各学科蕴含的体现中华美育精神与民族审美特质的心灵美、礼乐美、语言美、行为美、科学美、秩序美、健康美、勤劳美、艺术美等美育资源，大力开展以美育为主题的跨学科教育教学活动。

第二节　校园特色文化课程

　　家校文化节、体育节、科技节、读书节、艺术节等是镇江市实验小学结合学校自主发展与学生身心特点打造的校园特色文化课程。这些课程立足于迁移知识与能力，激励实践与创造，希望学生在体验中增强美育熏陶。

同心聚力，助力成长
——镇江市实验小学第二届"家校文化节"活动方案

一、指导思想

　　教育不是孤岛，也不应该有围墙之界。《国家中长期教育改革和发展规划纲要》提出，要建立现代学校制度，其基本内容就是"依法办学、自主管理、民主监督、社会参与"，就是吸引家庭和社会力量有效参与学校管理和运行。要充分发挥广大家长在学校教育和家庭教育中的作用，增强学校、教师、家长之间的沟通，共同关注每一个孩子的健康成长。

二、活动目标

　　学校教育和家庭教育在一个人的成长过程中都起着重要的作用，缺一不可。2019 年，镇江市实验小学在 5 月成功举办了首届"家校文化节"，拉近了家校距离。2020 年，学校计划于 5 月举办第二届"家校文化节"，让家长了解校园生活，参与学校的教育教学活动，同时通过学校搭建的平台促进家长与教师、家长与家长、家长与孩子之间的交流，最终让学校教育和家庭教育形成合力，推动孩子的健康成长。

　　适逢疫情，针对校园封闭式管理，以及人员不聚集的规定，学校努力让家长通过不同的方式参与活动、参与学习，陪伴学生成长。第二届"家校文化节"由四个版块组成：亲子体育嘉年华、十岁成长礼、"最美书房"评比、家庭教育指导师系列讲座。

三、活动内容

　　以亲子体育嘉年华为例。

1. 活动目的

在与家长合作设计体育游戏的过程中，提升亲子沟通效率，促使孩子与家长建立良好的关系，同时提高孩子身体素质，增强免疫力，丰富居家生活，强化家庭健康意识，推广家庭体育运动的理念。

2. 活动地点

各学生家庭。

3. 活动形式

【设计表格】根据自身的年龄特点，和家人一起先设计好亲子游戏的名称、目的、道具、人数、规则等。

游戏名称	
设 计 者	
游戏目的	
游戏道具	
游戏人数	
游戏规则	
自我评价	

【录制视频】根据自己设计的亲子游戏，和家人一起录制游戏视频。

【组织评选】由学校体育骨干老师评选出若干"体育小健将"和六名"体育小达人"，并在公众号集中推送获奖体育游戏。

亲子学党史，薪火相传润童心
——镇江市实验小学第三届"家校文化节"活动方案

一、指导思想

为深入贯彻落实习近平总书记在党史学习教育动员大会上的讲话精神和总书记关于注重家庭家教家风建设的重要论述，营造爱党爱国爱家的良好氛围，镇江市实验小学以"亲子学党史，薪火相传润童心"为主题，开展了亲子共看红色书籍、共观《建党伟业》、共画百年历史、共议家国情怀等丰富多彩的活动。学校要弘扬优良传统，传承红色基因，打造内涵丰富的校园文化和家庭文化，促进学生全面发展。

二、活动目标

学校教育和家庭教育在一个人的成长过程中都起着重要的作用，缺一不可。学校已成功举办了两届"家校文化节"，拉近了家校距离。2021 年，镇江市实验小学计划于 4—6 月举办第三届"家校文化节"，进一步促进家长与教师、家长与家长、家长与孩子之间的交流，最终让学校教育和家庭教育形成合力，推动孩子的健康成长。

三、活动内容

【活动一：庆十岁礼，画百年史】

1. 活动目的

体会父母的养育之恩，体验亲情的无私与伟大，厚植爱党爱国的情怀，真正感受到成长是幸福的。

2. 活动地点

学校操场。

3. 活动人员

三年级全体学生和家长。

4. 活动安排

（1）通过参加"聆听学校红领巾讲师团讲党史"活动，对中国共产党的发展历史有更深入的了解，萌发对党的崇敬之情。

（2）围绕"站起来、富起来、强起来"三个主题篇章，画出党领导国家革命斗争、建设发展、走向繁荣的历史岁月。

（3）各班级拍集体照留念。

【活动二：亲子红色运动会】

1. 活动目的

重温党史故事，建立锻炼强壮体魄的意识。

2. 活动人员

各学生家庭。

3. 活动方式

25 米迎面接力。家长与孩子共同用泡沫板运 3 个沙包，在途中设置"过草地""爬雪山"等障碍。运输过程中沙包若掉在地上，应该立刻捡起放在泡沫板上，等坚持到终点后传给下一组。各组依次进行。

4. 游戏计分

按用时长短记录名次。

【活动三：魅力家庭讲故事，红色印记润童心】

1. 活动目的

追忆英雄人物的光辉事迹，了解革命历史，学习革命先烈大无畏的英雄气概；陶冶情操，领悟今日幸福生活的来之不易，进一步树立正确的世界观、人生观和价值观。

2. 活动人员

各学生和学生家长。

3. 活动内容

（1）推荐亲子阅读红色经典书目。

向广大家庭推荐百本适合不同年龄段学生的经典图书。

（2）听爸爸妈妈讲红色故事。

遴选优秀故事音频，在"镇江市实验小学"微信公众号展播，并在红领巾广播台播放。

（3）看电影，学党史；心里话，对党说。

观看革命烈士的动人事迹，鼓励同学将看剧观影后的真情实感、家庭亲子阅读的美好瞬间以短视频的形式展示出来。

【活动四：十岁成长礼——在仪式中学会感恩】

1. 活动主题

阅读是成长最好的方式。

2. 活动目的

培养对阅读的热爱，理解阅读对成长的重要性；感谢父母的养育之恩，体验亲情的无私与伟大；感受集体带来的温暖与快乐。

3. 活动地点

各班级教室。

4. 活动人员

三年级全体学生和家长。

5. 活动安排

（1）学生在教师的指导下，给三年后的自己写一封信，并在活动当天把信投进"时光邮筒"。

（2）每位家长为孩子准备一本书作为礼物，并在扉页上写下祝福的话。

（3）家长录制一段祝福视频，在活动当天集体播放。

（4）各班级表演集体节目，并拍集体照留念。

【活动五：我的"最美书房"——在书香中体验成长】

1. 活动目的

营造良好的家庭读书氛围，使学生和家长共同提高文化素养。增大学生的阅读量，使他们在阅读中开阔视野，增长见识，提升能力，引导他们逐步养成阅读习惯。让学生、家长在活动中体验到读书给自己、给家庭带来的快乐与幸福。

2. 活动要求

【设计书房】学生在自己家中选择一个房间作为自己的书房，根据自己的爱好对书房进行设计。

【布置书房】

必备配置：书桌、书柜、藏书、护眼灯等。

特色配置：给小书房取一个有意义的名字，并对它进行布置。可以用人生格言板、绘画作品、手工作品、绿植等美化书房，为自己营造一个温馨的阅读环境。

3. 评比标准及要求

一星级小书房：藏书量达到 20 本以上，父母与子女开展共读的次数每月不少于 8 次。

二星级小书房：藏书量达到 30 本以上，父母与子女开展共读的次数每月不少于 10 次。

三星级小书房：藏书量达到 40 本以上，父母与子女开展共读的次数每月不少于 12 次。

【活动六：线上家庭教育讲座——以培训促提升】

1. 活动目的

通过线上推送的方式，为家长提供科学适宜的家庭教育策略，进一步提高家长的教育素养，改进家长对子女的教养态度，优化教育效果。

2. 活动人员

集团校内的家庭教育指导师。

3. 活动安排

【征集话题】在各集团校征集家长们在家庭教育中遇到的最困惑、最迫切需要解决的问题。

【组织研讨】各集团校内的家庭教育指导师组织研讨，进行思想碰撞，提出具体的事例、有效的措施，形成有可操作性的文稿。

【线上推送】通过公众号进行推送，以音频的形式呈现。

携手托未来，和雅共成长
——镇江市实验小学第四届"家校文化节"活动方案

一、指导思想

全面贯彻落实党的教育方针，适应"双减"背景下学校教育、家庭教育的新特点，增进学校、家长之间的沟通，缩短学校与家庭、社会的距离，让更多的家长了解学校工作，认识到教育的重要性和多位一体教育的必要性，从而构建学校、家庭、社会三位一体的教育体系，培养孩子良好的行为习惯，让孩子健康快乐地成长。

二、活动目标

学校已成功举办了三届"家校文化节"。2022年，镇江市实验小学计划于5月举办第四届"家校文化节"，以促进家长与教师、家长与家长、家长与孩子之间的交流，最终让学校教育和家庭教育形成合力，推动孩子健康成长，努力把孩子培养成为阳光、有爱、乐享、勤勉、自律、有责的大美儿童。

三、活动内容

【活动一：十岁成长礼】

1. 活动目的

体会父母的养育之恩，体验亲情的无私伟大，感恩师长的循循善诱，感谢学校的培养塑造。通过"阳光义卖街"和"'劳动小能手'劳动技能体验打卡站"，让学生动手实践、出力流汗，接受锻炼、磨炼意志，进一步培养学生正确的劳动价值观和良好的劳动品质。学生义卖所得款项全部用来购买书籍或文具捐赠给我校省外共建学校的学生，作为送给远方朋友的儿童节礼物。

2. 活动地点

学校操场、学校西大门和南大门前空地。

3. 活动人员

三年级全体师生和家长代表。

4. 活动安排

(1) 升国旗，唱国歌、校歌。

(2) 校长致辞；家长代表上台读写给孩子的一封信；孩子回读写给父母

的心里话；全体学生宣誓。

（3）家长代表给每位学生发放带有学校"亲宝爱贝"logo的礼物（待定），祝福孩子十岁生日快乐。

（4）教师、家长和学生代表以歌伴舞的形式向大家送去生日祝福。

（5）全体大合唱。

（6）三年级学生进入"阳光义卖街"和"'劳动小能手'劳动技能体验打卡站"分别开展活动。

5. 备注

（1）学校准备横幅、广告拱门、打卡点的展牌、桌椅。

（2）年级准备航拍设备。各班自备拍照人员。

（3）订制年级统一的生日礼物。

（4）年级提前让学生完成自己的手工劳动义卖物品，并定好义卖价格贴在物品上。物品需根据实际价值定价，且定价不高于10元。

（5）父母给孩子手写一封信（提前交给班主任，活动当天发给孩子，现场打开读），孩子也给父母写一段话（活动当天回家亲手送给爸爸妈妈）。

【活动二：线上家庭会——家校"云"相聚，共育促成长】

1. 活动目的

进一步实施家校共同体建设，让家长更好地了解"双减"背景下学校的教育理念，提高家长实施家庭教育的水平和能力，真正达到家校携手共同培养孩子的目标。

2. 活动方式

线上推送。

3. 活动人员

各班教师、家长、心理教育专家。

4. 活动安排

【征集话题】班主任进行讨论和先期学习，通过思想碰撞找到家长关心的热点话题或亟待解决的难题，同时征集家长在家庭教育中遇到的最困惑、最迫切需要解决的问题。

【组织研讨】心理教育专家针对热点问题进行家庭教育讲座；各班根据学生年龄特点、各班具体情况进行有针对性的家校沟通交流。

【线上推送】通过公众号进行推送，以音频的形式呈现。

【活动三：思想对对碰——教育众筹会】

（一）家长沙龙

1. 活动目的

学校和家长是亲密的教育协作者，需要共同探索面向未来的家庭教育理念。"家长沙龙"是学校开展家校协同教育的平台，以讲座、访谈、对话等形式，将家长请进学校，讲述家庭教育故事，传递家庭教育理念，分享有可操作性的家校教育方法和经验，帮助孩子健康成长。

2. 活动人员

各年级家长代表、部分老师。

3. 活动安排

（1）家长自主报名，一起在校园中碰撞育儿之策。

（2）家长分组召开圆桌会议，在家校达成共识的基础上讨论普遍性问题，通过共建的方式找到应对策略。

（3）每人一张学习单。针对某个问题，大家用一句话、一个短语、一个词来描述自己的观点。

（4）家长和教师通过交流商定策略。

（二）"凝聚、拼搏、奋进——做智慧的教育人"青年教师团建活动

1. 活动目的

更好地促进青年教师之间的沟通和交流，指导青年教师富有智慧地进行家校沟通，提升青年教师团队的凝聚力。

2. 活动人员

青年教师。

3. 活动时间

2022年5月4日。

4. 活动安排

（1）开展"有效沟通，家校共育——青年教师沙龙分享会"。

（2）针对案例进行自我剖析与研讨。

（3）进行室外团建活动。

【活动四：多彩文化节　妙音唱响每个家庭】

1. 活动目的

培养阳光、有爱、乐享、勤勉、自律、有责的镇江市实验小学大美儿童，在疫情这个特殊阶段增强亲子之间的沟通和交流。

2. 活动人员

在校所有师生及家长。

3. 活动安排

（1）各班级学生通过录制表演视频的方式参赛。

（2）参赛作品可以有亲子文艺作品展、个人作品展、家庭小合唱、器乐精彩展、舞蹈才艺展等形式。师生和家长可以通过多种形式体现亲子间满满的温情，或展现自己精湛的艺术技能。

（3）通过公众号进行推送，以视频的形式呈现。

2023 年镇江市实验小学体育节规程

一、竞赛日期和地点

2023 年 4 月 27 日、28 日在本校田径场举行。

二、竞赛人员

全校一至六年级学生。

三、竞赛项目

年级	项目类型	竞赛项目（6 选 3）	
一年级	亲子项目	☆ 趣味跨栏	☆ 丛林冒险
2~6 年级	个人项目	☆ 趣味跨栏（1~6 年级） ☆ 穿越小树林（1~6 年级） ☆ 越障碍掷准（1~6 年级） ☆ 足球射门（1~6 年级）	☆ 趣味赶小猪（2~3 年级） ☆ 匍匐前行（2~3 年级） ☆ 跪投实心球（4~6 年级） ☆ 火炬传递（4~6 年级）

四、竞赛方法

1. 个人项目：学生按照对应的年级，在比赛项目中自选 3 个参赛项目。

2. 亲子项目：以班级为单位参赛。

五、计分方法

个人积分卡记录个人总成绩。

8~9 分：运动健将。

6~7 分：运动标兵。

4~5 分：运动达人。

六、报名方法和时间

报名工作由班主任负责，每个学生选择 3 个项目报名参加比赛。本次体育节采取网上报名的方式。班主任根据学生参赛证上选择的参赛项目，在学校群指定在线文档中统计好本班各参赛项目报名的人数。每个项目每班报名人数不得超过 25 人。若出现某个项目扎堆报名的现象，烦请班主任老师稍作调剂。报名工作于 4 月 24 日前完成。

七、其他事宜

学生需认真填写参赛证，准备一张证件照或大头贴贴在参赛证上，持参赛证进行比赛。持空白参赛证者不予参赛。

未尽事宜，另行通知。

裁判员分组

年级	项目	组数	裁判员
1~6年级	趣味跨栏	6组	教师焦杨、汤温琴，学生16名
	穿越小树林	6组	教师张志获、贡强辉，学生16名
	越障碍掷准	6组	教师童彤、王丽丽，学生16名
	足球射门	5组	教师吴辛宇，学生12名
2~3年级	趣味赶小猪	5组	教师庄雪君、杨宗秀，学生12名
4~6年级	火炬传递	5组	
2~3年级	葡匐前行	6组	教师张天天、姜伟，学生16名
4~6年级	跪投实心球	6组	

竞赛日程

4月27日上午

8：30~10：30	布置场地、学生裁判培训
11：00~11：50	六年级个人项目比赛

4月27日下午

13：30~14：40	二年级个人项目比赛
14：50~15：50	五年级个人项目比赛

4月28日上午

8：30~9：40	三年级个人项目比赛
9：50~10：50	四年级个人项目比赛
11：00~12：00	布置一年级亲子项目场地

4月28日下午

13：30~14：40	一年级亲子项目比赛

备注：

1. 因比赛中可能出现不可控因素，各年级比赛时间会有延迟或提前的情况，敬请谅解。届时请各年级听体育组广播通知再排队入场进行比赛。

2. 学生志愿者 88 名。

2023 年镇江市实验小学体育节圆满结束

如诗四月，万物舒展，温暖与阳光如期而至。活力满校园，运动正当时，镇江市实验小学"以爱共育，赋能成长"体育节踏着春风走来啦！

在振奋嘹亮的国歌声中，五星红旗缓缓升起。同学们昂首挺胸站在主席台前，认真聆听崔旗兵主席为本次运动会致开幕词；裁判员代表姜伟老师、运动员代表马祖诚依次宣誓。

关于运动会，学生们都喜欢什么项目呢？体育组老师经过多次教研筛选，与少儿趣味田径比赛相结合，探讨了各种运动项目，并根据不同学段学生的身心特点，最终确定了以爬、跑、跳、踢、跨、投为主的个人运动项目——趣味跨栏（1~6 年级）、穿越小树林（1~6 年级）、越障碍掷准（1~6 年级）、足球射门（1~6 年级）、趣味赶小猪（2~3 年级）、火炬传递（4~6 年级）、匍匐前行（2~3 年级）、跪投实心球（4~6 年级），以及两项一年级亲子团队配合项目——趣味跨栏和丛林冒险。

　　本次体育节的亲子比赛项目兼顾趣味性与合作性，深受孩子们和家长们的喜爱。小朋友们个个奋勇争先，家长们也使出浑身解数，和孩子们一起享受运动带来的激情与快乐。

　　体育节不仅激发了孩子的运动兴趣，也让孩子们感受到了"友谊、团结和公平竞争"的运动精神，更为家长们提供了一种全新的陪伴模式。

第三节 校园传统节日课程

镇江市实验小学根据节日时间轴，结合春节、元宵、清明、端午、中秋、重阳等传统节日，依次开设传统节日主题课程。课程内容涉及传统文化、艺术审美、智慧科技、生活实践、生命教育等领域。课程教师根据节日主题确定授课内容，精心打造传统节日课程，搭建多元的学科涵育平台，有效指导学生进行成果展示。

一、元宵节

元宵节，又称上元节、小正月、元夕或灯节，为每年农历正月十五，是中国的传统节日之一。正月是农历的元月，加上古人称"夜"为"宵"，所以正月十五作为一年中第一个月圆之夜，又称元宵节。花灯起，闹元宵，元宵佳节如期到。线上吟诗、线上猜灯谜的活动，吸引了许多师生积极参与。"袯服华妆着处逢，六街灯火闹儿童。"校园里春意盎然，满树的紫玉兰，怒放的海棠花，再挂上同学们 DIY 的绣球灯、兔子灯、荷花灯、宫灯……琳琅满目，美不胜收。元宵知节礼、创意扎花灯、游园猜灯谜、巧手做元宵，校园活动精彩纷呈。

红红火火新学期，欢欢喜喜闹元宵

一、活动目标

为了弘扬中华优秀传统文化，引导学生体验元宵节的热闹氛围，了解多姿多彩的节日文化，学校将组织开展形式多样的元宵节活动。元宵节活动有助于营造欢乐祥和、健康文明的节日氛围，培养学生积极探索、分工合作、乐于分享的精神。

二、活动主题

红红火火新学期，欢欢喜喜闹元宵。

三、活动时间

2021 年春学期开学第一周。

四、活动内容和具体安排

（一）前期

开展"巧手做灯笼，创意乐无限"元宵灯笼制作行动，培养学生动手动脑的能力。周三下午，六年级各班收集作品，开展初评，选出优秀作品。

（二）主题活动

1. 营造活动氛围

（1）电子屏幕滚动播放元宵节宣传语、童谣等。

（2）元宵节前，周三下午，六年级各班在学校统一安排下择优将元宵花灯（须醒目地标明班级、姓名）悬挂在校园指定区域。

（3）元宵节前，各班根据活动内容，做好班级环境的布置，在教室里挂上灯笼等。

（4）周五下午，各中队组织主题队会，宣传传统节日文化，让学生了解元宵节的由来、习俗和有趣的传说等。

2. 猜灯谜

组织猜灯谜活动，包括字谜、地名谜、水果谜、动物谜、成语谜等。

3. "巧手做汤圆"活动

在家长或教师的指导下，学生开展做汤圆的活动。

（三）活动展示

在校园内和公众号上展示学生活动过程及成果。

二、清明节

清明节作为我国的传统节日，是人们悼念逝者、寄托哀思、缅怀先人的节日。镇江市实验小学全体师生通过"线上祭扫""云端追思"，以及年级代表走进镇江烈士陵园祭扫的方式缅怀革命先烈，赓续红色基因，让学生们更加珍惜今天来之不易的和平生活。

"弘扬红色精神，缅怀革命先烈"清明节祭扫活动

在清明节来临之际，镇江市实验小学党支部牵手少先队在镇江市烈士陵园进行"弘扬红色精神，缅怀革命先烈"清明节祭扫活动。青山默默，松涛阵阵。我们在这里沉痛地追忆为国献身的革命烈士，以祖国建设飞速发展的现实来告慰英魂。

一、缅怀英烈寄哀思

革命先烈们为了新中国的诞生，为了下一代的幸福，浴血奋战、不怕牺牲，用一腔热血染就了我们鲜艳的五星红旗。学校党员教师代表向烈士敬献花圈，全体四年级师生向长眠在此的烈士们致敬默哀。

二、红领巾讲师团讲述动人事迹

在这个特殊的时刻、特殊的地点，镇江市实验小学红领巾讲师团成员、大队辅导员沈苗给少先队员们讲述了烈士陵园里革命先烈的感人故事，激励全体队员珍惜现在和平幸福的生活，学习先烈的革命精神，牢记党的使命，奋力拼搏，开拓创新，为实现中华民族伟大复兴努力拼搏。

三、学生代表朗诵《缅怀革命烈士》

革命先烈为了我们美好的生活付出了生命的代价，我们一定会高举先辈传过来的红旗，好好学习，肩负起建设祖国的重任。四年级学生代表在烈士碑前深情朗诵诗歌《缅怀革命烈士》。

让我们记住这郑重的承诺，记住这庄严的时刻。在这幸福和平的年代，我们作为社会主义的接班人要好好学习、好好锻炼，从小听党话、跟党走，努力成长为堪当民族复兴大任的新时代好少年。

四、瞻仰纪念碑，参观纪念馆

前事不忘，后事之师。重温历史，警醒现在。让革命烈士的伟大精神激励广大少年儿童珍惜当前、奋发图强，鼓舞众人坚定保卫祖国、建设和发展社会主义的信念！

三、端午节

端午节，又称端阳节、龙舟节、重五节、天中节等，为中国传统节日之一，是集拜神祭祖、祈福辟邪、欢庆娱乐和饮食为一体的民俗大节。在端午节日课程中，学生们通过开展主题队课活动，了解端午节的由来及习俗，吟诵与端午有关的诗歌。大家还亲自动手制作香囊，绘制彩蛋，和亲人一起包制和品尝各种美味的粽子，在劳动实践中充分感受传统文化的魅力，与同学、家人共享传统佳节的喜庆气氛。

四、中秋节

　　中秋节日课程中，美术教师指导学生做香囊、画扇面、画纸伞、画灯笼，装点校园，营造节日气氛；劳技教师指导学生制作月饼，孩子们品尝到的不仅是甜蜜，还有团圆与合作；音乐教师教学生唱中秋歌曲；语文教师和学生一起吟诵咏月诗词。大家用不同的艺术形式来歌颂月亮，寄托相思。高年级还会开展探究中秋文化的综合实践活动，分小组从不同的角度切入。

度团圆佳节，品中秋文化
——镇江市实验小学"我们的节日——中秋"主题活动方案

一、指导思想

认真贯彻落实习近平总书记关于教育工作重要讲话的精神，引导学生了解中华民族的文明历史，感受中华优秀传统文化的魅力，提高审美能力和文化品位，增强文化自信和爱国情感。镇江市实验小学坚持实践活动与教育教学相结合的原则，把教育实践活动的开展落实到学生的日常学习生活中，注重与主题宣传相结合，与践行社会主义核心价值观相结合。

二、活动目标

落脚于德育主题——"至善明节"。镇江市实验小学在课堂主阵地的基础上，以"我们的节日"主题教育活动为抓手，开展了"我们的节日"系列课程。"我们的节日——中秋"主题活动旨在指导学生参与中秋节实践活动，搜索有关中秋节的资料，深入了解节日的文化内涵，展示节日的收获和感悟。这样的实践活动能培养学生阳光、有爱、乐享、勤勉、自律、有责的优秀品质。活动要通过创造使学生在体验中成熟的教育，坚定学生的民族自信、文化自信，涵育大美儿童。

三、活动内容

"我们的节日——中秋"主题活动包括以下四个版块。

活动一："露从今夜白，月是故乡明"——中秋诗词诵

1. 活动目的

以中华传统文化经典为有效载体，传播中华优秀传统文化。中华传统文化经典是中华民族民族智慧、民族精神和民族美德的传承，具有文化积累、智慧启蒙的作用，又有规范言行、培养人格的功能。通过演绎经典、传诵经典，学生能进一步认识经典、理解经典。

2. 活动方式

班主任利用教室外走廊墙上的节日诗歌进行宣传引导。

9月的"红领巾广播"加入关于中秋诗词的节目。

各班利用班会诵读经典诗词。

3. 组织评选

优秀作品可录制视频，选送经典诵读比赛。

4. 素养指向

感受文化魅力，提升文学素养，增加人文积淀（乐享、勤勉、自律、有责）。

活动二："几处笙歌留朗月，万家箫管乐中秋"——中秋才艺秀

1. 活动目的

努力搭建学生展示艺术特长的舞台，培养孩子的艺术兴趣和艺术涵养，让学生广泛参与到艺术展示和艺术鉴赏的活动中来。凸显学校课程育人和活动育人的多元、全面，展示学校社团课程和艺术教育的丰硕成果。

2. 活动方式

书画表演、乐器表演、歌曲演唱。

3. 组织评选

各班和各社团选送优秀作品参加学校展演。

4. 素养指向

增加艺术涵养，提高鉴赏能力，体现人文底蕴（阳光、有爱、乐享、勤勉）。

活动三："明月几时有，把酒问青天"——中秋知多少

1. 活动目的

寻根溯源，通过活动使学生了解关于中秋的传说、习俗、诗词歌赋等，从中深刻体会中秋节的意蕴，感受中华传统文化的悠久历史，初步懂得人类优秀文化的共性和追求美好生活的共同信念。

2. 活动方式

中秋故事会、中秋知识竞赛。

3. 组织评选

各班利用班会开展。

4. 素养指向

主动获取信息，勇于质疑，深入探索研究（乐享、勤勉、自律、有责）。

活动四："海上生明月，天涯共此时"——中秋民俗展

1. 活动目的

培养学生的动手能力、创新能力、合作能力。使学生对中秋节这一传统节日有更深刻的了解，培养学生的传统观念和意识，引导学生重视友情、亲情，理解"团圆"在民族文化中的特殊意义，从而更加珍惜眼前所拥有的幸福生活。

2. 活动方式

制作香囊、团扇、纸伞等传统手工艺作品，制作创意月饼。

3. 组织评选

和美术课相结合，每个年级根据年级特点选取一种活动进行学习创作。优秀作品入选学校民俗展。

4. 素养指向

积极动手劳动，敢于实践创新，增强文化自信（有爱、乐享、勤勉、有责）。

第四章

新美育场境建设

镇江市实验小学努力构建校园场境，希望让校园成为学生成长的生命场。

第一，将育人目标融入校园建设，环境育人。

镇江市实验小学在教学楼二楼的醒目位置，用一整面墙展示了美育培养目标：阳光、有爱、乐享、勤勉、自律、有责。这六个词语，学生每天上学抬头可见，家长在接送孩子的时候也抬头可见。希望这六种特质能够内化为学生自我努力的目标。

在校园的小花圃里，坐落着写有"至善明节"四字的雕塑。鲜艳的中国红在绿树的衬托下格外美丽。它已经成为学校一道美丽的风景线，也让"至善明节"这一理念深入人心。

教学楼一楼走廊是学校的校史墙，展现着学校百余年历史的珍贵老照片就布置在这里。以外显的方式展示校史，就是为了方便学生们在行走间驻足观看，以自然、日常的方式培养学生的爱校之情。

第二，使儿童参与和融入校园文化，以美育人。

除了硬件建设紧紧围绕涵育大美儿童的建设目标外，在软件建设方面，学校也坚持儿童参与原则，让学生在自主参与中创造美的事物、美的环境，拥有美的享受。

学校教学楼前的一整块墙壁为设计涂鸦墙，由孩子们自主分工、设计、打稿，绘制自己想画的少数民族人物及其装扮。在自己的空间设计"最美民族墙"，有助于学生在美的活动里形成独特的美的表达。

各楼层、各教室悬挂的书画作品均出自学生之手，学生也以此为荣。红领巾失物招领处整齐地摆放着同学们在校园里捡到的物品，失物的管理由领航团的少先队员负责，每天井井有条。教学楼二楼的阅读角由学生自主管理，勤奋看书、及时归还已经成为大家自觉的行为，每天整理图书成为志愿者非常乐意做的事。

新生入学，领航团的小助手们和教师一起精心设计迎新校园文化。作为志愿者的哥哥姐姐会拉着刚入学的弟弟妹妹找到自己的班级树，引导他们以稚嫩的笔画签上名字。就这样，学生和学校从此紧密相连。

教师节，学生为喜爱的老师绘制贺卡，或笨拙，或灵动，或形似，或意近，"师"情画意，爱在笔尖。"尊师墙"则展示着教师的最美时刻。

　　中秋节，学生用画笔来描绘祝福，将爱与思念变成一幅幅美丽的手工作品来装扮校园，继承传统文化。学生阳光、有爱、乐享、勤勉、自律、有责的品质在学校场境建设中悄然孕育。

后 记

    本书是江苏省第四批中小学生品格提升工程项目"至善明节：涵育大美儿童的新美育在场行动"的研究成果。江苏省中小学生品格提升工程项目的推进，点染了实小教育"相亲相爱　如切如磋"的"澄澈"底色，激励了笃行奋斗的实小教师、至善明节的大美儿童、积极参与家校共育的有责家长，打造了学校个性化德育课程样本的多彩样态。该项目圆满结项且获评精品项目，标志着镇江市实验小学在落实新时代中小学德育工作要求方面取得了显著成果，形成"至善明节"儿童品格提升实践范式。"实小人"在孜孜以求中"用心成就每一个梦想"！本书凝聚了创作成员的集体智慧，新时代的"实小人"正朝着教育高质量发展的目标砥砺奋进，赋能而行。

    本书由镇江市实验小学党委书记、校长袁萃和镇江市实验小学党委副书记、副校长王燕彬负责整体规划和框架设计。经过多次研讨和细致筹备，编写工作最终顺利启动。全书分工如下：

    规划与指导：袁萃、王燕彬

    第一章：陶欣慧、孙薇、赵敏

    第二章：王燕彬、臧萍、刘文峰

    第三章：袁萃、沈苗、宋蓓蓓

    第四章：张力、费爱萍、刘甜

    全书各章先由编著者编著并推敲修改，最后由陶欣慧负责统稿。

    江苏大学出版社为本书出版给予了大力支持，编校团队对书稿的修改和完善提出了诸多宝贵意见和建议，进行了耐心细致的编辑审校，对书稿质量的提升大有助益。在此深表感谢！

    本书力求全面展现小学德育工作实践范式的研究成果，但囿于学术视野，难免存在疏漏之处，恳请各位专家学者和广大读者批评指正。